英雄解剖圖鑑

監修／祝田秀全
Syuzen Iwata

瑞昇文化

前言

何謂英雄——跨越時空、至今仍極為耀眼的英傑們——

所謂的英雄，究竟是跨越時空的偶像、還是超人呢——

他們從漫長的歷史中一躍而出，是在人們的願望與期待的洪流中被持續傳頌、無與倫比的豪傑。英雄們，就像是要妝點爭取自由或民族和平的運動似地一一現世了。

舉個例子，在世界的玄關——美利堅合眾國的紐約港內，就矗立著一尊「自由女神像」。打造出這尊女神像的，就是法國的雕刻家弗雷德里克．巴托爾迪。他曾在普法戰爭（1870～71年）於朱塞佩．加里波底指揮的義大利義勇軍中擔任副官，為了自由和共和政治，與普魯士王國的軍隊作戰。

在那之後，巴托爾迪將自己對自由與國民主義的熱情理念寄託在「法國最初的英雄」身上，製作了維欽托利的雕像。這位維欽托利（紀元前72～前46年），是一位在古羅馬對高盧人發起侵略戰爭時，挺身而出領導反抗戰爭（紀元前52～前51年）的軍事戰略家。

這位弱冠之年的英雄，為了守護高盧人的自由而整合了地域內的諸多部族、建構出整個高盧的聯合作戰體制。此舉成功奏效，逼得羅馬軍一時陷入了苦戰。人們也將維欽托利稱為凱撒最害怕的男人，也是他最強的敵手。

除了巴托爾迪之外，皇帝拿破崙三世也曾下令製作維欽托利的雕像。這位古代高盧的英雄降臨在「世紀末」的法國，被讚不絕口的世人譽為對抗德國的國民團結象徵與自由的救世主。這是否意味著，有連綿不斷的民族與國家精神貫徹其中呢？

英雄，擁有推倒政治立場差異這道高牆的威力。跨越歷史的長河，作為當代國民、民族的「靈魂吶喊」登場的，正是英雄這樣的存在。

本書《英雄解剖圖鑑》的嶄新特徵，在於不分世界史或日本史等範疇、以全方位角度去綜觀在歷史篇章的一頁留名的英雄。從「何謂英雄」這個話題開始，盡可能毫無遺漏地針對活躍於古代～近現代的英雄進行介紹。

書中與各位分享的內容不光是那些英雄的事蹟，還會區分成多個小篇幅，從他們的性格、嗜好、逸聞等多種角度，像是要徹底解析英雄那樣去嘗試更貼近每個人物的真實面貌。同時，為了讓他們的活躍能夠更加令人印象深刻，書中也收錄了豐富的人物畫像、地圖等插圖。若是就連版面設計都能讓各位充分感受到箇中魅力，對我們而言可說是榮幸之至。

在本文的尾聲，我想向拿起這本書閱讀的各位讀者朋友們致上最高的謝意。

2023年12月吉日

祝田秀全

目次

前言……2

序　所謂的英雄是什麼樣的存在？……10

1章　獲得民眾擁戴的英雄

亞歷山大大帝……14

成吉思汗……16

維京人中的英雄……18
羅洛／威廉一世／魯傑羅一世／留里克

擴展領土的英雄……20
坂上田村麻呂／康熙皇帝／西庇阿·亞非利加努斯

查理大帝……22

與異民族戰鬥的英雄①……24
阿佛烈大帝／鄂圖一世／熙德

與異民族戰鬥的英雄②……26
霍去病／韓世忠&梁紅玉

獨立的英雄……28
猶大·馬加比／羅伯特一世／喬治·華盛頓

救國的英雄……30
淵蓋蘇文／鮑德溫四世／讓·德·瓦萊特

始皇帝……32

建國的英雄……34
美尼斯王／奧古斯都／努爾哈赤

薩拉丁……36
抵抗侵略的英雄……38
努爾丁／陳興道／傑羅尼莫
馳騁於戰場的女性武將……40
彭忒西勒亞／巴御前／秦良玉
中興的英雄……42
漢光武帝／奧勒良／彼得大帝
發展文化的英雄王……44
漢摩拉比／哈特謝普蘇特／大流士一世

2章 壯志未酬身先死的悲劇英雄

貞德・達爾克……48
被主君警戒的英雄……50
伍子胥／韓信／埃提烏斯
被暗殺的英雄……52
阿加曼農／腓力二世／華倫斯坦
列奧尼達一世……54
玉碎的英雄……56
大膽查理／古斯塔夫二世・阿道夫
輸給病痛的名將……58
諸葛亮／路易九世／卡爾十二世
伊庇帕斯……60
貫徹信念的英雄……62
白起／斯巴達克斯／康茂德
於戰場上殞落的女鬥士……64
徵氏姊妹／拉克什米・芭伊／中野竹子

為王與將竭盡所能的忠臣英雄……66
關羽／岳飛／文天祥／楠木正成
反骨的英雄①……68
布狄卡／芝諾比婭／格蕾絲・奧馬利
反骨的英雄②……70
維欽托利／平將門／威廉・華勒斯
項羽……72
夢想破滅的英雄……74
苻堅／木曾義仲／理查一世

3章

掀起歷史長河波瀾的英雄

拿破崙・波拿巴……78
征服者中的英雄……80
尼布甲尼撒二世／阿提拉／穆罕默德二世／愛德華一世
曹操……82
被稱為篡位者的英雄……84
足利尊氏／永樂帝／納迪爾沙
陰謀家中的英雄……86
北條義時／腓力二世／切薩雷・波吉亞
被稱為暴君的英雄……88
劉邦／朱元璋／伊凡四世／奧立佛・克倫威爾
織田信長……90
瘋狂的英雄……92
帖木兒／吉爾・德・雷／弗拉德三世
革命的英雄……94
西蒙・玻利瓦／埃米利亞諾・薩帕塔／切・格瓦拉

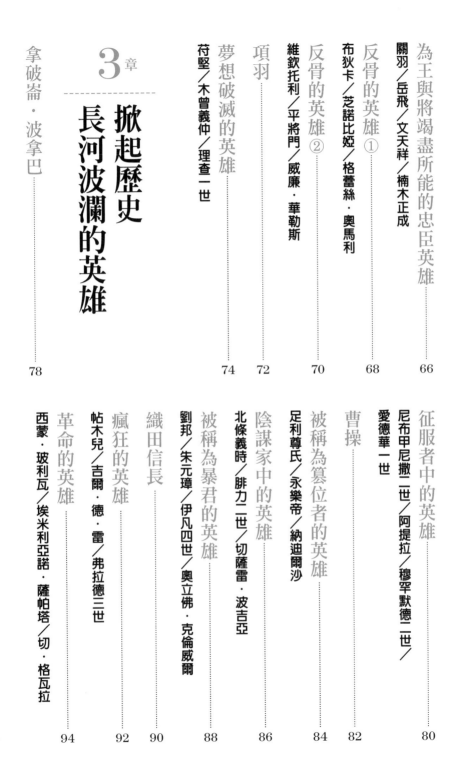

暗殺者、間諜中的英雄……96
荊軻／夏綠蒂・科黛／湯瑪斯・愛德華・勞倫斯

海盜中的英雄……98
法蘭西斯・德瑞克／亨利・摩根／巴索羅繆・羅伯茨

女海盜中的英雄……100
阿爾特米西亞一世／安妮・邦妮&瑪麗・里德

義賊、法外之徒中的英雄……102
宋江／羅賓漢

亞瑟王……104

4章 被戀愛故事妝點的英雄

凱薩琳二世……108

情史豐富的女性權力者……110
賽米拉米斯／武則天／舍哲爾・杜爾

凱撒……112

皇帝之戀……114
查士丁尼一世&狄奧多拉／蘇萊曼一世&羅克塞拉娜／乾隆帝&香妃

英雄死心塌地的戀情……116
參孫／瑪麗亞・特蕾莎／高山晉作&おうの

行為不道德的英雄……118
大衛王／約翰・邱吉爾／霍雷肖・納爾遜

拋棄戀人的英雄 120
伊阿宋／艾尼亞斯／羅摩

5章 擁有無與倫比特技的英雄

腓特烈二世 124
宰制決戰的名將 126
揚三世・索別斯基／庫圖佐夫／威靈頓公爵
攻城的名手 128
奧德修斯／豐臣秀吉／沃邦
創造出新戰術的英雄 130
伊巴密濃達／黑太子愛德華／揚・傑式卡
奇策的名手 132
漢尼拔・巴卡／貝特朗・杜・蓋克蘭／米希爾・德・魯伊特
擅長逃跑的英雄 134
司馬懿／北條時行／桂小五郎
怪物狩獵者 136
珀爾修斯／海克力斯／聖喬治／源賴光
弓箭的名手 138
羿／威廉・泰爾／源為朝／那須與一
騎兵戰的名手 140
李靖／源義經／秋山好古
伊莉莎白一世 142
超喜歡建築物的英雄 144
拉美西斯二世／阿育王／圖拉真

手腕高超的狙擊手 …… 146
新島八重／柳德米拉・帕夫利琴科／席摩・海赫

猛將中的英雄 …… 148
呂布／楊大眼／本多忠勝

鄭和 …… 150

探險家 …… 152
克里斯多福・哥倫布／葉爾馬克／愛蜜莉亞・艾爾哈特

column

踏上旅程的英雄 …… 46
更換主君後出人頭地的英雄 …… 76
善於處世之道的英雄 …… 106
被悲戀妝點的英雄傳說 …… 122

索引 …… 154
參考文獻 …… 158
監修者介紹 …… 159

序

所謂的英雄是什麼樣的存在？

英雄，就是擁有極其罕見的能力、能夠留下常人無法達成之功績的人們

說到英雄，一言以蔽之，就是指「能夠成就普通人無法完成的偉業之人」。

換個方式來形容的話，能夠達成那些豐功偉業的人，我們也可以稱他們是「擁有特殊能力的人」。

那樣的能力，有時候可能是特別優秀的武藝或軍事力、有時候可能是優異的智慧。

此外，也有可能是勇氣或強大的耐力等卓越的精神能力。或者我們可以認為，被堪稱極度稀罕的幸運所眷顧，其實也能算是能力的一種也說不定呢。

那一群「身懷特別的能力、做到普通人所不能為之事」的英雄們，就存在於各式各樣國家的神話、傳說或歷史之中。

本書將從眾多英雄之中精選出２００人，一一介紹他們的功績、鮮為人知的面貌、以及令人意外的小故事等等。

軍事力超凡的英雄

拿破崙・波拿巴
【78頁】
收拾法國大革命爆發後的殘局之後，將西歐的絕大部分納入自己的支配下。

亞歷山大大帝
【14頁】
展開東征，征服了波斯的阿契美尼德王朝。建立了跨越希臘～印度的大帝國版圖。

薩拉丁【36頁】
對抗十字軍的伊斯蘭世界英雄。其高潔的精神就連基督徒都相當尊敬他。

成吉思汗【16頁】
以壓倒性的武力、建構出人類史上最龐大的蒙古帝國。

跨越道德與善惡、作為超乎尋常存在的「英雄」

然而，如果以現代的價值觀來檢視的話，本書所收錄的英雄其實不盡然都是採取「正當」行動的人物。這裡面有人造成了龐大的殺戮、也存在背叛者、甚至還有異於常軌的淫亂之人。

即使不端出現代的價值觀來評斷，那些藉由侵略來創建廣大版圖的王者，或許對於擁戴他們的民族而言是個偉大的人物，但是改從被征服者民族的角度來看，不過就是個令人憎恨的虐殺者、帶來恐懼的侵略者罷了。擁有這般兩面性的英雄，其實並不在少數。

只不過，當我們跨越善惡與道德的標準，將目光聚焦於「達成一般人難以做到的偉業之人」這種非比尋常的能量時，他們就是既被人們所畏懼，卻同時也令世間懷抱憧憬的對象。

或者可以這麼說，不具備「特殊能力」的普通大眾，在內心期許握有那類超凡能量的「英雄」會存在於這個世界，其實也是相當普遍的人類心理。

也正是因為這個原因，無論是在哪一個國家的神話或傳說、還有任何時代之中，才都會誕生英雄這樣的人物，並且被世人持續述說、傳承到後世吧。

精神力優異的英雄

武則天
【111頁】
兼具美貌與智慧的中國女帝。甚至還擁有廢黜皇帝的膽識與魄力。

喬治・華盛頓
【29頁】
「櫻桃樹」的逸事特別出名。他領導美國贏得獨立戰爭的勝利，成為第一任總統。

以智慧見長的英雄

切薩雷・波吉亞
【87頁】
文藝復興時期的政治家。他驅使權謀術數、擴大了羅馬教皇的領地。

凱撒
【112頁】
憑藉卓越的政治才華與軍事指揮能力領導羅馬、開拓出邁向大帝國的道路。

將時代和地域都各有不同的英雄們並列檢視的「比較英雄論」

關於本書所介紹的英雄們，基本上並不會以時代或地域等條件來加以區分，而是經由主題來進行彙整。

舉例來說，談到「抵抗侵略的英雄」，就會一一舉出12世紀與十字軍對戰的敘利亞君主努爾丁、13世紀抵抗蒙古帝國的越南陳朝將軍陳興道、19世紀與白種人作戰的阿帕契族領導者傑羅尼莫等人來介紹。

當然，這些人都具備了「抵抗侵略」這項共通點。不過另一方面，由於時代和地域都不一樣，因此關於起兵抵抗的來龍去脈以及戰略等都各有差異，其結果理所當然也是截然不同的。

除此之外，本書還訂立了「馳騁於戰場的女性武將」、「貫徹信念的英雄」以及「革命的英雄」等諸多主題。如果能作為某種比較英雄論，讓各位讀者感到樂在其中的話，那就太令人高興了。

——那麼，希望大家都能盡情享受那些充滿個性的世界英雄們所留下的故事。

被幸運眷顧的英雄

桂小五郎
【135頁】
促使明治維新成功的「維新三傑」中的一人。擅長逃跑，甚至被人稱為「逃跑的小五郎」。

劉邦
【88頁】
憑藉其極高的人望獲得了優秀屬下的支持，成為大漢的建國者。

貞德·達爾克
【48頁】
這位在英法百年戰爭拯救法國的救世主，因為得到神的啟示，上陣領軍獲得勝利。

1章

獲得民衆擁戴的英雄

本章的內容，將會介紹於歷史長河中留下偉大足跡的英雄們。挑選出建設空前的龐大帝國的亞歷山大大帝、首度統一中國全土的秦始皇等一旦提到「英雄」，便會在人們腦海中浮現的人物。在這些人裡面，有不少人物都和國家的形成有所關聯。

亞歷山大大帝（前356～前323）

構築世界級帝國、一舉改變歷史的年輕征服者

亞歷山大大帝是紀元前4世紀的馬其頓王國國王，他在日後建立了跨越希臘、埃及、亞洲的空前巨大帝國。正式的名字為亞歷山大三世［※1］，「大帝」是世人對他的通稱。

因為父王被暗殺的關係，亞歷山大大帝在20歲的時候繼承了王位。他把握進軍鎮壓叛亂的希臘城邦的機會，並於紀元前334年揮軍展開東征。在伊蘇斯戰役中獲得勝利的亞歷山大大帝軍勢，又於隔年征服了埃及、擊敗阿契美尼德王朝（波斯第一帝國）［※2］的大流士三世，導致了阿契美尼德王朝的滅亡。

在那之後，亞歷山大大帝重新編整了軍隊，往東方進軍。他連戰皆捷、後來甚至抵達了印度西北一帶。然而，將士們到了這裡都開始思鄉，亞歷山大大帝只好停止進軍，並於紀元前324年返回波斯。就在大軍歸來的隔年，亞歷山大大帝因為罹患熱病而猝逝。

雖然在自己這一代建立的大帝國因為後繼者之爭而分裂，但其版圖之廣大依舊是世界史上屈指可數的。

繼承希臘神話英雄──海克力斯血脈、尊貴的帝王血統

亞歷山大大帝在自己這一代構築了史上最大規模的帝國版圖，
但帝國卻在他猝逝之後分崩離析。

據說馬其頓王國的始祖乃是希臘神話中的半神英雄海克力斯[137頁]，亞歷山大大帝本人也相信自己就是海克力斯的後裔。

大帝騎著愛馬布西發拉斯奔馳於眾多戰場，贏得了勝利。馬的名字是「公牛頭」的意思，由來是額頭上有個宛如公牛的印記。

老師是哲學家亞里斯多德

大帝13歲的時候，父親為他聘請了希臘哲學家亞里斯多德擔任老師，接受希臘風的教育。亞里斯多德師事哲學家柏拉圖，乃是日後被世人譽為「萬學之祖」的人物。出身自馬其頓的亞里斯多德在希臘的雅典進行學習，但因為馬其頓和希臘的關係惡化，他便離開了希臘，之後就在大帝的父王腓力二世的邀請下回到馬其頓。

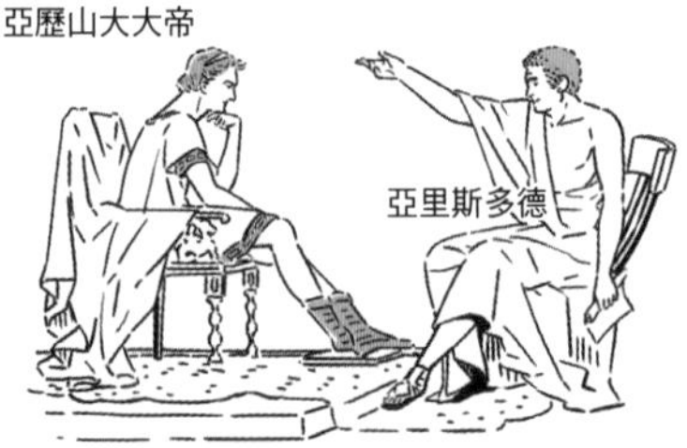

※1：亞歷山大之名的希臘文為「Alexandros」、德文為「Alexander」。阿拉伯文、波斯文則是「Iskandar」。※2：阿契美尼德王朝興盛於紀元前6～前4世紀，是個掌控了古代近東一帶的國家。

亞歷山大大帝的最大版圖

亞歷山大大帝支配下的國家最大版圖，涵蓋了希臘、小亞細亞、埃及、敘利亞、美索不達米亞、伊朗、巴克特里亞、粟特、印度河流域。希臘文化也因此和東方的古代近東文化相互融合，形成了希臘化時代文化。亞歷山大大帝，就好比是聯繫東西方文化的存在。

伊蘇斯戰役

在亞歷山大大帝的東征之路上現身阻擋的，就是阿契美尼德王朝的大流士三世。紀元前333年，大帝與大流士三世展開了首度的直接衝突，這就是世人所稱的伊蘇斯戰役。大帝命中央的重裝步兵部隊阻止敵軍的行動，同時讓自軍右翼的騎兵部隊突破弱兵集結的敵軍左翼，繞行到後方施展所謂的「鍾砧戰術」，獲得了勝利。

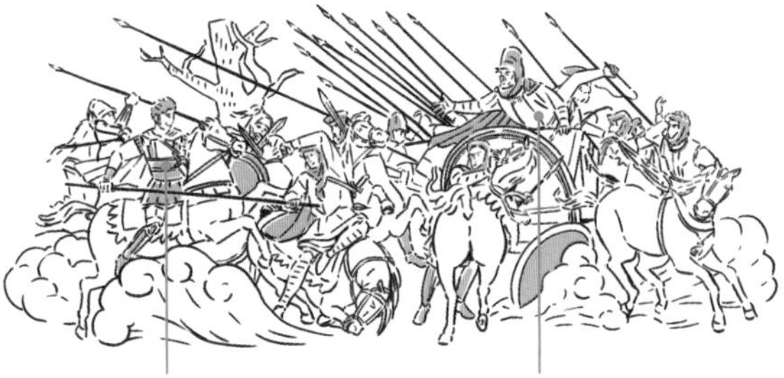

於龐貝發掘出來的馬賽克畫。左方的騎馬者就是亞歷山大大帝、右方搭乘戰車的就是大流士三世。

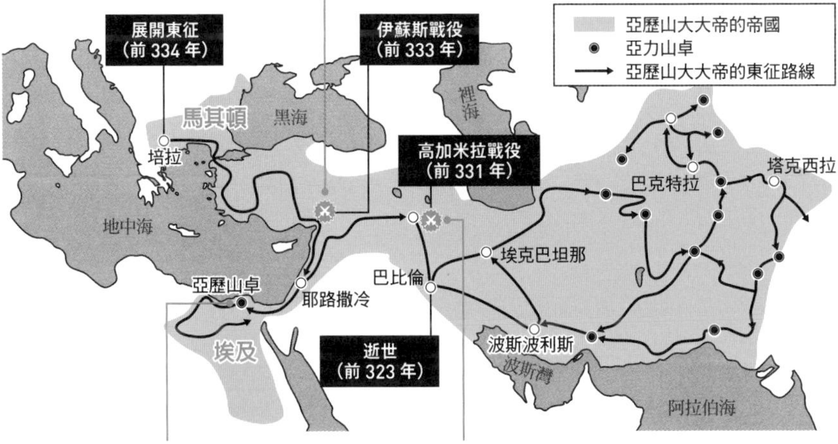

亞歷山大大帝在東征的途中，於埃及、土耳其、阿富汗等地都建設了冠上自己名字、被稱為「亞力山卓」的城市。

紀元前331年，大帝與大流士三世於底格里斯河東岸的高加米拉再次發生衝突。因為高加米拉戰役的勝利，大帝就此征服了小亞細亞地區。

最強的方陣步兵

馬其頓軍隊如此強大的祕密，就在於裝備了長度為當時常見的長槍2倍的薩里沙長槍，並且將希臘傳統的密集隊形「方陣」加以改良。

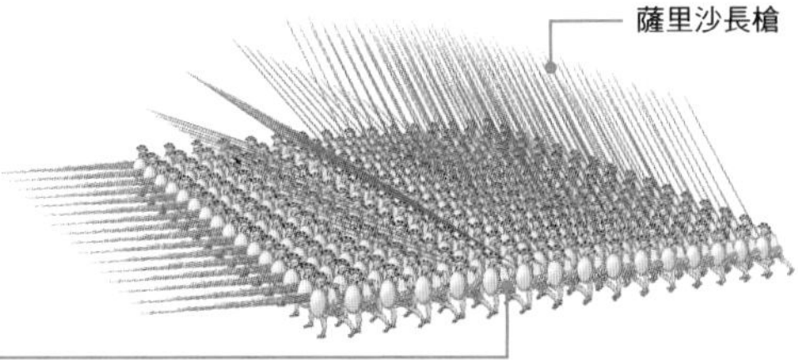

人們認為開創這種馬其頓式方陣隊形的，就是亞歷山大帝的父親——前代國王腓力二世[53頁]。

成吉思汗（1162?～1227）

創建史上最大蒙古帝國的征服者

13～14世紀，東起中國、西至東歐，蒙古帝國支配了橫跨歐亞大陸的史上最廣闊的領土。這個帝國的始祖，就是成吉思汗。

成吉思汗幼名鐵木真，是蒙古某個遊牧民族氏族的族長，他接連降伏其他的氏族，於1204年統一了蒙古高原。蒙古帝國也就此誕生了。此外，他也是在這個時候冠上了代表君主的稱號「汗」，成為了成吉思汗。

之後，成吉思汗先於1211年展開對金國［※1］的遠征，接著是以中亞為目標的西征、以及對蒙古南邊的西夏［※2］發動進攻，馬不停蹄地持續擴大自己的領土。由此可以窺見他想要建立一個商業帝國的遠大構想。就連逝世的時候，他也是正處在進攻西夏的階段。

即使在成吉思汗過世以後，蒙古帝國大軍的鐵蹄依舊沒有停下腳步。他的子孫們接棒、構築了一個龐大的帝國。

「蒼狼」與「白鹿」的後裔傳說

成吉思汗的父親是蒙古部族孛兒只斤氏的族長也速該，母親為訶額侖。父親在成吉思汗年幼時死去，因此他是由母親扶養長大。自孩提時代便養成了寬大的性格，逐步確立了他作為遊牧民族領導者的地位。

根據蒙古的歷史書《元朝秘史》記載，相傳成吉思汗祖先的父親是「蒼狼」（孛兒帖赤那）、母親則是「白鹿」（豁埃馬闌勒）。

1227年，成吉思汗於遠征西夏的途中逝世，但時至今日，後世的人們還是沒有找到他的墳墓。雖說蒙古的遊牧民族有把墳墓隱藏在地下深處的習慣，但是作為一個開拓出雄偉帝國的掌權者，沒有為他建造巨大的陵墓可說是相當罕見的例子。

源義經＝成吉思汗？

有後世傳說指出，原本應該於奧州衣川館自盡的源義經［141頁］其實並沒有死，而是遠渡到中國、在那裡成為了成吉思汗。雖然這個說法在戰前的日本廣為流傳，但現代的歷史學者對此是抱持否定的看法。

※1：金國，乃是女真族在1115年於滿州地區創建的國家，之後將勢力延伸至中國華北地區。｜※2：西夏是党項族在1038年於中國西部建立的國家。因東西貿易而繁榮，還創造了以漢字為基礎的獨特西夏文字。

成吉思汗的遠征路線與蒙古帝國的最大版圖

蒙古帝國的最大特徵之一，就是她並不是由中央統治的中央集權國家，而是在各地建立多個蒙古國家（ulus）。下圖中的「元」和「欽察汗國」等全都是蒙古國家的名稱。

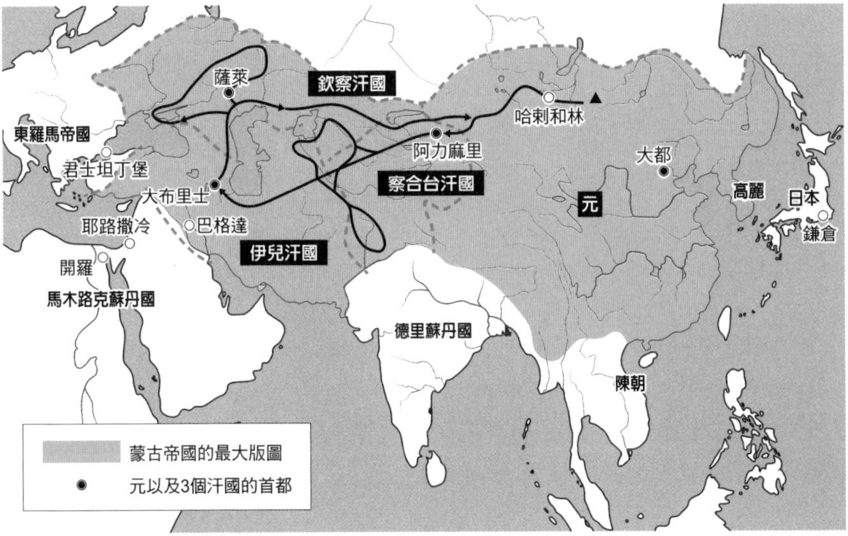
薩萊
欽察汗國
哈剌和林
東羅馬帝國
君士坦丁堡
阿力麻里
大都
大布里士
察合台汗國
高麗
日本
元
巴格達
耶路撒冷
伊兒汗國
鎌倉
開羅
馬木路克蘇丹國
德里蘇丹國
陳朝
蒙古帝國的最大版圖
元以及3個汗國的首都

成吉思汗一脈的家系圖

成吉思汗將廣大的領地分配給自己的血親。粗體字是從成吉思汗的血親中經由忽里勒台（權力者會議）挑選出來、繼承代表「遊牧民族君主」意義的「汗」字的相關人物。數字代表所屬第幾代。

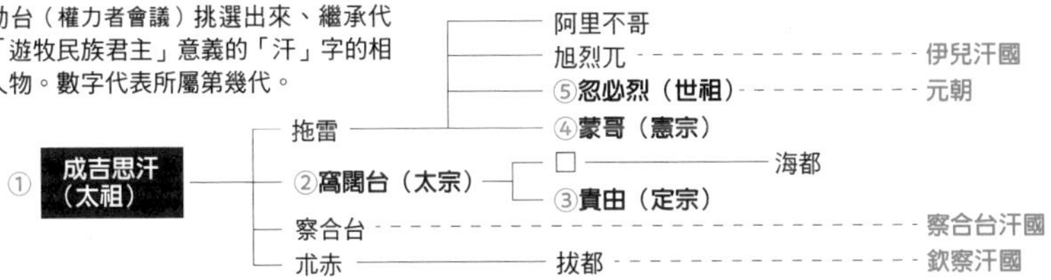
①成吉思汗（太祖）
拖雷
阿里不哥
旭烈兀
伊兒汗國
⑤忽必烈（世祖）
元朝
④蒙哥（憲宗）
②窩闊台（太宗）
□
海都
③貴由（定宗）
察合台
察合台汗國
朮赤
拔都
欽察汗國

強悍的祕密在於充分活用馬匹的輕裝騎兵

一般認為蒙古帝國之所以如此強悍，原因就在於極具遊牧民族風格的輕裝騎兵那壓倒性的機動性。此外，成吉思汗所編制的「千戶制」[※3]這種中央集權的軍隊結構也對建構強大的軍事力有所貢獻。

蒙古兵能夠同時駕馭兩匹馬。如果現在騎的馬疲倦了，可以立刻換乘同行的另一匹馬移動，展現出相當高的機動性。

蒙古軍使用的馬匹擁有很強的歸巢本能，無論被放在草原的哪個地方，最後都能回到家裡。

※3：蒙古帝國獨特的軍事行政制度。將至今的血緣部族制進行再編，聚集10組十戶組成百戶、聚集10組百戶組成千戶，並各自設置戶長。有勢力的部族族長會被任命為千戶長，編成遠征部隊，也會負責平時的行政事務。

憑藉北海到歐洲的支配而打響名號

維京人中的英雄

中世前半期（9～11世紀），生活在斯堪地那維亞半島和丹麥的日耳曼人中的一支，被稱為諾曼人。諾曼人於8～11世紀時靈巧地操縱船底淺的船隻進出歐洲，之後成為了被世間所畏懼的維京人。後來他們確立進出的根據地，接著開始征伐周圍的土地，準備創建國家。

9世紀，諾曼人的領導者羅洛征服了法國北部沿岸地區，建立諾曼第公國。日後，羅洛的子孫威廉一世（征服者威廉）於11世紀征服了英格蘭、創建了諾曼第王朝。同樣在11世紀，諾曼第公國的貴族之子魯傑羅一世占領了西西里島，這便是後來西西里王國的基礎。

此外，與羅洛同樣都是諾曼人領導者的留里克也在9世紀時進出俄羅斯西北的諾夫哥羅德，開創了諾夫哥羅德大公國。

從維京人成為王者的羅洛與威廉一世

「維京」（Viking）這個詞彙的語源據說是來自分布在斯堪地那維亞半島的峽灣，也就是「峽灣的人」的意思。只不過，現在這個詞語是用來指稱「中世時居住在斯堪地那維亞半島和波羅的海的人們」。

羅洛（？～933）

因為他率領維京人持續掠奪法國北部沿岸，為此苦惱的法王查理三世因此封他為諾曼第公爵[※1]。

威廉一世（1027？～1087）

羅洛的第六代子孫，繼位諾曼第公爵後被稱為紀堯姆二世。於1066年進攻英格蘭，以少數的兵力成功征服。後來在西敏主教座堂舉行加冕典禮，開創諾曼第王朝。也被人稱為「征服者威廉」。

晚年身材變得很肥胖，於是被同時代的法王腓力一世揶揄是「孕婦」。

作為征服事業的一環進行國情調查，並製作檢地文書「末日審判書」，以此作為徵稅的基礎。

體型太過魁梧，沒有馬匹能承受，所以總是步行移動，還因此被人稱為「徒步王」。

※1：因為被賜予法蘭克王國的諾曼第地區作為領土，羅洛也暫停對法國北部沿岸展開的掠奪行動，但是過沒多久又開始對鄰近諸國發動侵略。

擴散到歐洲世界的後裔們
魯傑羅一世與留里克

長久以來，「維京人」一直給人戴著頭盔的殘忍海盜之類的刻板印象。然而，根據近年的研究結果發現，實際上他們是以交易為主，對在地文化也相當寬容，甚至還被請求來擔任統治者等，我們也因而認識到跟在此之前截然不同的形象。

魯傑羅一世
（1031～1101）

出生於諾曼第公國的小貴族之家。他與兄長吉斯卡爾一起在1060年入侵西西里島，並將之征服。在兄長死後，他還支配了南義大利。其子魯傑羅二世後來創建了西西里王國。

1063年，魯傑羅一世於西西里島的切拉米與當時統治整個西西里島的伊斯蘭勢力對抗，並擊敗了他們。

當時的西西里島被伊斯蘭勢力支配，不過據說大部分的居民都是拜占庭系的希臘基督徒。

自軍雇用了很多穆斯林（伊斯蘭教徒）作為傭兵，對於伊斯蘭文化也相當寬容[※2]。

留里克（？～879）

波羅的海沿岸乃紛爭不斷之地，相傳留里克兄弟招募居住在那裡的人們後渡海、於862年建立了諾夫哥羅德大公國。雖然世人認為諾夫哥羅德大公國就是日後俄羅斯帝國的起源，但是人們並不清楚留里克的生涯細節。

經常在創作中出現、成為維京人刻板印象配件之一的雙角頭盔，實際上從未被發現過。

作為俄羅斯千年紀念碑的一部分、在1862年打造的留里克銅像。這尊紀念銅像被設置在與留里克創立國家之名同名的諾夫哥羅德（現今的大諾夫哥羅德）城內。

維京人能夠自由自在地操縱船舶的祕密

雖然維京人所打造的船隻有各式各樣的類型，但每一種都是兩端前後對稱的形式，相較於寬幅，長邊顯得相當細長。堅實的船體是由一塊塊拼起的堅固橡木板材所打造。在20世紀初於挪威發現的維京船，尺寸大概是長約21.5m、寬約5m。

※2：因為魯傑羅一世所帶來的影響，首都巴勒摩在12世紀的王國全盛期融合了諾曼、拜占庭、伊斯蘭的文化，並發展出獨特的文化。

藉由對外征戰壯大本國的勢力

擴展領土的英雄

征服異民族或其他國家的領土，以此擴大自己國家勢力的人也會被稱之為英雄。

舉例來說，8～9世紀，平安時代初期的武將坂上田村麻呂鎮壓了居住在東北地方、不服從朝廷的「蝦夷」族，此舉讓國家得以統一，也為日本的成形留下碩大的功績。

另外在17世紀的時候，中國清朝的第四代皇帝康熙，也征服了台灣、蒙古的準噶爾、西藏等地，擴張了清朝的領土。他在中國歷代皇帝之中，也被認為是屈指可數的明君。此外，紀元前3～前2世紀，一位名叫西庇阿・亞非利加努斯的羅馬政治家兼軍人，擊敗了被羅馬所畏懼的強敵、也是一代名將的漢尼拔・巴卡［132頁］所率領的迦太基軍隊，更將羅馬的勢力範圍拓展到非洲的北部。

在大國成立的幕後，大多都存在這些對外征戰、四處馳騁沙場的能人。

鎮壓東北地區的坂上田村麻呂（758～811）

年紀輕輕就成為武將，因為遠征東北的功績，於797年被桓武天皇任命為征夷大將軍[※1]。在那之後又在與蝦夷的戰爭中取得勝利，802年降伏了蝦夷族長阿弖流為，將東北納入中央政權的支配下。

坂上田村麻呂身高約175cm，比起當時的平均身高要高大非常多，據說他的面色紅潤、目光宛如鷹眼般銳利。另外也有傳說指出，他的下巴還長了金黃色的鬍鬚。

逝世後被神格化，在日本各地留下了「田村麻呂傳說」，十分有名。滋賀縣還有奉祀坂上田村麻呂的田村神社。

傳說位於京都東山的將軍塚就是坂上田村麻呂的墳墓。相傳只要有國家層級的大事，塚就會發生鳴動來告知大家。

遭到背叛的阿弖流為

坂上田村麻呂降伏阿弖流為之後，約定要保對方一命。他認為讓這位蝦夷英雄活下去的話，有助於穩定朝廷在東北的統治。但是被帶到京城的阿弖流為卻因為朝廷部分人士的反對，最後還是遭到處決。

※1：從奈良時代開始出現的職位，最初是賜予東北地區遠征事業領導者的官職。自從源賴朝在1192年被任命為征夷大將軍之後，這個職位從此轉化為「武士棟樑」的意義。往後的室町幕府將軍、江戶幕府將軍，身分全部都是征夷大將軍。

中國史上最頂尖的明君**康熙皇帝**（1654～1722）

1661年以8歲幼齡即位的清朝第四代皇帝。即位後君臨天下長達61年之久，是中國史上在位期間最長的皇帝。在位期間對外征戰連戰皆捷，奠定了清朝繁榮的基礎。耶穌會傳教士布韋（漢名白晉）於其著作《康熙帝傳》中極力讚頌康熙，稱他是「容貌端麗、頭腦清晰，且擁有強韌的體力與精神力。文武雙全，也通曉藝術。簡樸不浪費，而且還是個能言善道之人」。

據說康熙在年幼時得了天花，因此離開皇宮讓庶民養育。即位之後雖然過著宮廷生活，但依舊相當節儉。這或許也是他能夠長期在位的原因之一。

擅長狩獵，相傳生涯總共獵了135頭老虎。

對學問相當熱中

康熙編纂了人稱最完整漢字字典的《康熙字典》，而且還積極學習西洋的學問，對於學習相當有熱情。

擊敗羅馬最強的敵人
西庇阿·亞非利加努斯（前236～前183）

羅馬共和國的政治家兼軍人。第二次布匿戰爭期間[※2]，他進攻伊比利半島、與迦太基軍隊作戰，於紀元前206年平定伊比利半島。紀元前204年揮軍北非，後來於前202年的札馬戰役中打敗迦太基的漢尼拔·巴卡[132頁]，迫使迦太基投降。在那之後，他還遠征小亞細亞，戰勝塞琉古帝國的敘利亞軍。

大西庇阿與小西庇阿

擊敗外敵的西庇阿·亞非利加努斯成為了羅馬的英雄，但後來與畏懼其名聲的政敵相爭，最後落敗，度過失意的晚年生活。不過他體弱多病的親生子普布利烏斯收養了一個孩子並命名為西庇阿·埃米利安努斯（小西庇阿），後來成為將軍，消滅了迦太基，可說是一償祖父積累多年的宿願。

因為見識到勁敵漢尼拔的包圍殲滅戰術[※3]，因而在札馬戰役採行了相同的戰術，獲得了勝利。

與宿敵漢尼拔都是彼此另眼看待的關係。札馬戰役開始之前兩人還見了面，不過西庇阿拒絕了漢尼拔的停戰協議。

※2：涉及西地中海的霸權、於紀元前3～前2世紀爆發的羅馬與迦太基之間的爭鬥。在這場戰鬥中取勝的羅馬，也開始逐步踏上稱霸地中海世界的道路。｜※3：包圍敵軍三邊或四邊的殲滅戰術，歷史上有很多軍人都曾參考。

擴大領土，使「歐洲」得以成形

查理大帝（查理曼）（742～814）

法蘭克王國，是存在於以現今的德國和法國為中心地域的中世日耳曼人國家。768年，即位法王的查理大帝積極展開遠征以擴大領土。他的偉業不光是為法蘭克王國迎來了全盛期，其版圖幾乎擴及了整個西歐範圍，構築了「歐洲」這個概念的基礎。

成為開端的，就是774年對倫巴底王國的征服戰事。北義大利因此被其支配，接著又戰勝了伊比利半島的伊斯蘭勢力。在那之後，查理大帝也將當時生活於現今德國的薩克森人、巴伐利亞人納入麾下，擴展到東歐的亞細亞系阿瓦爾人亦被平定。法蘭克王國的領土因此變成能夠匹敵古代西羅馬帝國的規模。

時間來到800年，他被羅馬教皇授予西羅馬帝國的帝冠，成為宛如歐洲世界基督教守護者般的存在。

成為撲克牌圖案模特兒的偉大帝王

法蘭克王國加洛林王朝的國王。在位期間為768～814年，以國王的身分掌權46年之久。他從加洛林王朝初代領導者、也就是父王丕平三世那裡繼承王位之後，就迎來了法蘭克王國的全盛期。

相傳查理大帝擁有195cm的身高，身材微胖、臉型圓潤。

因為全盛期的法蘭克王國領土廣及現今的德國、法國、義大利、西班牙等地，所以對於查理大帝的稱謂也各有不同。德文為「Karl der Große」、法文為「Charlemagne」、拉丁文為「Carolus Magnus」。順帶一提，英文則是「Charles the Great」。

撲克牌中的紅心K（King）的模特兒據說就是查理大帝[※]。

※：相傳其他人頭K牌的模特兒如下。黑桃K是古代以色列的大衛王[118頁]、梅花K是亞歷山大大帝[14頁]、方塊K是羅馬的凱撒[112頁]。

查理大帝時代的法蘭克王國最大版圖

直到在70多歲逝世之前，查理大帝總共進行了多達53次的軍事遠征。

查理大帝的功績並不是只有軍事遠征。他在獲得勝利、將該地納入支配區域後，會任命當地原本的地方豪族為「comes」（相當於伯爵），委任行政。同時派遣監督這些人的巡察使以利支配。此外也制訂許多規定，以統治支配地域為目標。
查理大帝即位時的法蘭克王國領地
查理大帝的征服地
查理大帝勢力所及的地域
薩克森人、巴伐利亞人
阿瓦爾人
亞琛
斯拉夫諸族
巴黎
568年，由當時生活在現今德國易北河上游流域、日耳曼人部族之一的倫巴底人在義大利北部所建立的國家。倫巴底王國也被稱為倫巴德王國，支配的區域就是現在的倫巴底大區。
法蘭克王國
倫巴底王國
米蘭
拉溫納
西班牙邊境
東羅馬帝國
教皇領
後奧瑪亞王朝
羅馬

被認定為古羅馬帝國後繼者的「查理的加冕」

因為查理大帝統一西歐，被視為讓過往的西羅馬帝國復活，因此羅馬教皇聖良三世授予他西羅馬皇帝的冠冕，這件事就被稱為「查理的加冕」。

源自羅馬帝國的傳統、基督教文化、還有日耳曼人文化整合在一起，形成了連繫到現代的「歐洲」概念基礎。查理大帝也是從這個時候開始被稱為「歐洲之父」。

查理大帝雖然留下了豐功偉業，但據說他其實無法閱讀和書寫文字。所以需要署名的時候就只會畫出簡單的記號。不過也留下了他每天晚上都會用石板練字，或是總是在用餐的時候讓人朗讀歷史書籍給他聽等努力學習的逸聞。

教皇聖良三世
查理大帝
進行加冕儀式的聖伯多祿大殿。

戰勝敵人，保衛國土

與異民族戰鬥的英雄①

從古代到中世，遭受語言、文化、還有宗教都截然不同的異民族侵略，對於生活在那片土地上的人們而言，可說是最為恐懼、攸關生死存亡的問題。而一些英雄因此挺身而出，在與異民族展開的激戰中獲得了勝利。

9世紀末的英格蘭王國，國王阿佛烈大帝擊退了入侵的丹人（維京人），因此成為英國歷史上唯一被譽為「大帝」的人物。

到了10世紀，東法蘭克王國之主鄂圖一世也打敗了來自東方的入侵者馬扎爾人［※2］。後來他加冕為羅馬皇帝，並且繼查理大帝［22頁］之後被後世冠上了「大帝」的稱謂。

11世紀末，一位名為熙德的西班牙騎士乃是收復失地運動［※1］的英雄。他在與摩爾人建立的伊斯蘭國家——穆拉比特王朝展開的戰爭中贏下了多場勝仗，成為許多英雄故事的題材。

英國唯一的「大帝」
阿佛烈大帝（849～899）

871年，阿佛烈大帝即位的時候，英格蘭東北部是處於入侵此地的丹人（維京人[18頁]）掌控之下。阿佛烈大帝改良軍制後對其發動抵抗，最後於878年的愛丁頓戰役大獲全勝，守護了國土。

為了防範敵軍登陸，阿佛烈大帝整備了海軍，屢次在海上迎擊敵人並將之打敗。他也因此被譽為「英國海軍之父」。

為了重建因為與丹人作戰而荒廢的國土，他頒布了阿佛烈法典，希望能完善統治的體制。此外，他對於保護文化也不遺餘力，像是推動拉丁文聖經（武加大譯本聖經）的翻譯，同時也致力於聖經和拉丁文文藝的研究與普及。

※1：所謂的收復失地運動，乃是意指基督徒對於統治伊比利半島的伊斯蘭勢力採取反擊的行動總稱，時間跨及11～15世紀末。也被稱為國土恢復運動。｜※2：阿瓦爾人勢力衰退後定居於潘諾尼亞（位於現今的匈牙利）的民族。

神聖羅馬帝國最初的皇帝**鄂圖一世**（912～973）

在936年即位東法蘭克王國國王的鄂圖一世，於955年的第二次萊希菲爾德之戰擊敗了東方的入侵者馬札爾人。之後他發動義大利遠征，被羅馬教皇授予羅馬皇帝的稱號。這被認為是神聖羅馬帝國[※3]的開始。

962年的加冕典禮在查理大帝建立、最後也於此長眠的亞琛主教座堂舉行。

第二次萊希菲爾德之戰

因為馬札爾人的軍力有2倍以上，讓鄂圖一世陷入了苦戰。但後來洛林公爵紅髮康拉德[※4]率軍支援，展開反擊後獲得了勝利。

在西班牙被抒情詩代代歌頌的**熙德**（1043？～1099）

熙德出生於西班牙的軍人家庭，之後作為初代卡斯提爾王桑喬二世的近侍培養長大。桑喬二世被暗殺後，其弟阿方索六世繼位，熙德也因為屢次與這位國王發生嫌隙而被流放。他還曾在流放期間成為伊斯蘭那一方的傭兵，但後來與阿方索六世和解後，憑藉自身實力奪回了被伊斯蘭勢力掌控的瓦倫西亞，建立了威名。

熙德（El Cid）之名，在安達盧西亞阿拉伯語中的意思是「吾君」。本名為羅德里戈·迪亞斯·德·比瓦爾。

世間在熙德還在世的時候，就傳頌著《熙德之歌》等讚揚他功績的敘事詩。他也以西班牙的國民英雄之姿在各式各樣的作品中登場。

在《熙德之歌》中，熙德的愛馬名為巴比耶卡，名字的意思是「愚者」。牠伴隨熙德一同奮戰了超過20年，根據傳說的描述，牠揹著在最後一戰中陣亡的主人遺骸，朝著伊斯蘭軍隊發動了突擊。

《熙德之歌》提到熙德持有名為「提澤納」（炎之劍）的劍，據說根據使用者的強度不同，劍的威力也會發生變化。敘事詩中也提及他還帶著另一柄叫做「科拉達」的劍。

※3：以獲得羅馬教皇支持的皇帝為中心的國家。範圍廣及現在的德國、奧地利、捷克、義大利北部。據說正式使用神聖羅馬帝國這個名稱是在13世紀以後。｜※4：鄂圖一世的女婿，曾因為叛亂罪被剝奪了爵位。

中國的歷史可說是與北方民族爭鬥的歷史

與異民族戰鬥的英雄②

自古以來，中國就一直為北方民族入侵的問題所苦。但也是基於這個緣故，出現了很多擊退入侵者、青史留名的英雄們。

紀元前2世紀的漢朝時代，霍去病這位將領在中國北方地區屢屢戰勝以強悍聞名的匈奴軍隊，因此名震天下。

不僅如此，霍去病甚至還生擒了匈奴首領中的一人——渾邪王，並將他帶到長安、凱旋而歸。令漢武帝龍心大悅。

12世紀的南宋，正面臨北方民族之一的女真所建立的金國［※］勢力入侵的危機，此時有位名叫韓世忠的武將僅僅率領8千人的兵力就大破多達10萬的金軍，建立了戰功。而且他的妻子梁紅玉也是一名隨夫披掛上陣、迎戰金國的知名英傑。

只不過，作為中國最後王朝的清朝，就是女真族建立的征服王朝。就結果來說，或許也能認為中國最後還是沒有擋下北方民族的入侵。

英年早逝的熱血武將**霍去病**（前140左右～前117）

西漢（前漢）的武將。他是名將衛青的外甥，20歲時便獲賜史上首位驃騎將軍的稱號。霍去病率領1萬人的軍隊出征匈奴，並不斷地取得勝利。他也是在這段期間將渾邪王俘虜至長安。後來，他更是在紀元前119年遠征匈奴時留下了豐碩的功績。但不幸的是霍去病在正值青壯的24歲就因病過世了。

「去病」之名意味著「疾病退去」。但是他年紀輕輕就因病過世，總讓人覺得這個結局實在太過諷刺。

他並不拘泥於當時奉為古典來學習的《孫子》和《吳子》等兵法，採用著重速度與距離的騎兵作為主力，在征伐匈奴的戰役中取得了戰果。此外，據說他本人也擁有優異的騎射技能。

※：1115年，由女真族的完顏阿骨打在中國東北地區建立的國家。第二代的太宗完顏晟接連滅了遼國和北宋，將華北一帶收歸旗下。

夫婦齊心披掛上陣的**韓世忠**（1088～1151）與**梁紅玉**（？～？）

軍力匱乏的宋朝在1126年因為金國進攻所導致的靖康之變而分崩離析，從此以後，宋人偏安長江以南、是為南宋，與北方的金國將中國一分為二。在這樣的時代登場的，就是持續與金人對抗的岳飛[67頁]以及韓世忠等將領們。

韓世忠

南宋的武將。1120年，名為方臘之人在地方掀起叛亂，韓世忠因為鎮壓了亂事而廣為人知。1129年，10萬金國軍隊大舉入侵，他憑藉少量的兵力就擊退對手。皇帝因此讚譽他為「中興武功第一」。

梁紅玉

韓世忠的妻子。相傳她原為歌妓，同時也是文武雙全之人，與韓世忠相識後結為連理。據說夫婦感情極為和睦。當金國來襲時，她以女性的身分參戰，協助丈夫抗敵。

晚年在南宋內部的權力鬥爭中落敗，被剝奪了兵權。

相傳於長江迎擊金軍之際，她在船上擊打戰鼓、靈巧地指揮軍船給予敵軍相當大的打擊。

長久以來讓中國苦惱的北方民族

翻開中國的歷史，在秦漢時代有匈奴、隋唐時代有突厥和回鶻、接下來也一直為契丹和女真等北方民族的侵擾所苦。當然，無論是匈奴的冒頓單于、突厥的伊利可汗、女真的完顏阿骨打等人物，對於北方民族而言同樣也是英雄般的存在。

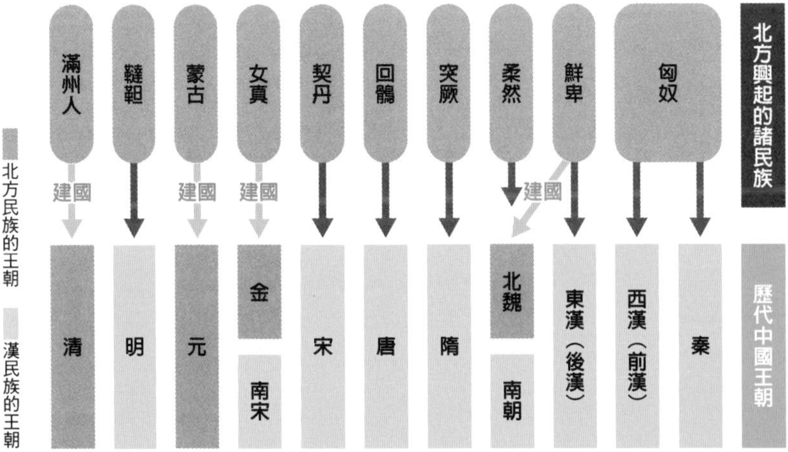
北方興起的諸民族
滿州人
韃靼
蒙古
女真
契丹
回鶻
突厥
柔然
鮮卑
匈奴
建國
建國
建國
建國
北方民族的王朝
漢民族的王朝
歷代中國王朝
清
明
元
金
南宋
宋
唐
隋
北魏
南朝
東漢（後漢）
西漢（前漢）
秦

擺脫支配、領導眾人創建國家

獨立的英雄

身處在被擁有壓倒性實力的對手所統治的情況下，想要爭取獨立是一件極為困難的大業。然而，即便如此不利的情勢仍在持續，卻依舊憑藉絲毫未曾放棄的不屈鬥志、最終實現獨立大願的英雄們，還是存在於這個世界上。

紀元前2世紀，猶太民族被強大的塞琉古帝國統治，人們被剝奪了信仰猶太教的自由。就在這個時候，猶太豪族猶大・馬加比領導同胞奮起、頑強地展開一番鏖戰，最終建立了屬於猶太民族的國家——哈斯蒙尼王朝。

除此之外，還有其他為獨立而奮戰的英雄。13世紀的蘇格蘭處於英格蘭的支配下。這時承繼蘇格蘭皇室血脈的羅伯特一世起兵對抗英格蘭，最後成功獨立。18世紀的時候，在當時還是英國殖民地的美國指揮獨立戰爭、之後成為美國初代總統的喬治・華盛頓同樣也是獨立英雄的一員。

猶太民族的英雄**猶大・馬加比**（？～前160）

指揮猶太民族抗爭、對塞琉古帝國的統治發動獨立戰爭。曾一度將塞琉古勢力逐出耶路撒冷，成功獲得宗教獨立，但之後再度遭到攻擊，他也因此於厄拉撒戰役陣亡。但是他的遺志被弟弟與猶太民族繼承，持續抗戰。最後終於從塞琉古帝國手中贏得政治面的獨立。

據說猶大曾與預言者見面，得到一把黃金劍。預言者告訴他：「拿起這把尊貴的劍。這是神賜予之物，只要擁有它便能擊破敵人。」
「馬加比」是亞蘭語中的「鐵鎚」，或是「被主選定之人」的意思。名字的拉丁文讀法是「Judas Maccabaeus」、希臘文則是「Judas Makkabaios」。
中世的歐洲文化認為被譽為九偉人[※1]的人物乃是體現騎士道精神的英雄。他也是其中的一人。

※1：其他8人為特洛伊戰爭的英雄赫克托爾、亞歷山大大帝[14頁]、凱撒[112頁]、猶太人的領導者約書亞、大衛王[118頁]、亞瑟王[104頁]、查理大帝[22頁]、十字軍騎士布永的戈弗雷。

將蘇格蘭帶向獨立的**羅伯特一世**（1274～1329）

羅伯特一世對抗英格蘭國王愛德華一世、指揮蘇格蘭的獨立戰爭。雖然一度落敗、逃亡到愛爾蘭，但因為愛德華一世駕崩的關係，得以重整局勢。後來，他在1314年的班諾克本戰役中擊敗愛德華二世的軍隊，讓蘇格蘭獲得了實質上的獨立。

在傳統上具有強烈反英格蘭意識的蘇格蘭，把打倒英軍的羅伯特一世視為英雄人物。過去他也曾被描繪在紙鈔上，目前那款紙鈔還在流通。

班諾克本戰役的第一戰，羅伯特一世接受了英軍騎士的單挑要求，最後憑藉戰斧一擊收下了勝利。

大國美國的「建國之父」**喬治・華盛頓**（1732～1799）

原本是富裕的農場經營者，後來從軍、還作為維吉尼亞代表出席大陸會議。他也在這個時期參與反英抗爭，1775年美國獨立戰爭展開以後，華盛頓被任命為總司令。1783年，美國與英國簽屬巴黎條約，實現了獨立大願。1789年，他在首次的總統選舉中獲得全場一致的認可、被選為第一任美利堅合眾國總統。

華盛頓的牙齒狀況在年輕時就不好。他被畫在1美元紙鈔上的肖像，是因為擔心假牙不小心掉出來、才因此露出將嘴抿成一字形的表情，是相當有名的小故事。

起初美方軍隊在英國正規軍的面前節節敗退，但華盛頓發現英軍打算在聖誕節停止追擊，於是親自在嚴寒的夜晚領軍度過德拉瓦河奇襲翠登，得以扳回一城。士兵們的士氣大振，最後在薩拉托加戰役大獲全勝，逆轉了情勢。

提到華盛頓的話，關於「櫻桃樹」的誠實小故事[※2]可說是無人不曉，但這則逸聞其實並非事實，似乎是出自於後世的傳記作者的創作。

※2：華盛頓在少年時期不慎砍倒了自家庭院中那棵父親相當重視的櫻桃樹。當父親詢問是誰把樹砍倒的時候，他坦率地承認了。據說父親沒有動怒，反而稱讚他「誠實比什麼都還重要」，並原諒了兒子。

因為1個人的英雄行動而突破了國家的困境

救國的英雄

當國家陷入存亡危機之際，有個英雄挺身而出、氣勢洶湧地大為活躍，最後幫助國家擺脫了險境。在歷史上確實存在這樣的事例。

7世紀的時候，高句麗［※1］將軍淵蓋蘇文領軍對抗入侵國內的17萬唐朝大軍，經過一番徹底抗戰之後將之擊退。後來，唐朝依舊發動了多次進攻行動，但是都被淵蓋蘇文給打了回去。在他還在世的時期，唐朝完全無法征服高句麗。

耶路撒冷王國，是因為11世紀的第一次十字軍東征的戰果而建立的基督信仰國家。12世紀，為了奪回勝地耶路撒冷，埃宥比王朝的薩拉丁［36頁］率領伊斯蘭勢力進攻，但是被耶路撒冷王國的年輕國王鮑德溫四世以較少的兵力打退。

16世紀時，鄂圖曼帝國以大軍包圍了馬爾他騎士團的領地馬爾他島。不過指揮騎士團的讓·德·瓦萊特堅持了3個月的死鬥，守住了馬爾他島。

發動政變後擊退強國的**淵蓋蘇文**（？～665）

高句麗的將軍，名字亦有泉蓋蘇文的記載。他排除親唐朝的國內勢力，掌握了大權。645年，唐太宗親自率領17萬大軍親征高句麗，淵蓋蘇文抵抗了60天後順利將之擊退。從此以後，即使唐朝軍隊多次攻來，淵蓋蘇文依舊堅守住國土。

雖然淵蓋蘇文拚命守護國家，但是在他死後國內政局便立刻分裂。668年，高句麗滅亡。
《日本書紀》中記載的名字是「伊梨柯須彌」，並留下了他在皇極元（642）年殺害大王（高句麗王）的記述。

※1：高句麗是通古斯民族於3世紀時在現今中國的東北部到北朝鮮一帶建立的國家。以4～5世紀的廣開土大王、長壽王在位時期最為繁榮。

向神祈禱的身影激勵軍隊奮起的**鮑德溫四世**（1161～1185）

13歲時繼位耶路撒冷王國的國王。1177年，伊斯蘭英雄薩拉丁率軍攻來，總計2萬6000人的大軍將鮑德溫四世與身邊僅有的300名騎士包圍起來。就在這個時候，這位年輕的國王跪地向神祈禱，此舉激勵了騎士們的士氣，奮力突破了敵軍的包圍網。在那之後，鮑德溫四世也持續和薩拉丁維持你來我往的攻防戰，最後成功促成雙方和談。

天生身體孱弱，與薩拉丁講和之後，就以24歲之齡英年早逝。

自幼便以端麗的容貌與聰慧聞名，卻罹患了不治之症（有說法認為是漢生病）。以當時的十字軍東征為主題的電影《王者天下》中，將他塑造為戴著面具的打扮，但是史料中並沒有特別談到這個部分。

耶路撒冷王國

1099年，因為第一次十字軍東征的成果，在此之前都屬於伊斯蘭勢力掌控之下的耶路撒冷也改由十字軍所支配。隔年，鮑德溫一世成為耶路撒冷國王，作為十字軍國家的耶路撒冷王國就此誕生。

擋住大國猛攻的老騎士 **讓・德・瓦萊特**（1494？～1568）

聖約翰騎士團（馬爾他騎士團）[※2]大教長。前半生的情況不明。1565年，當鄂圖曼帝國的軍勢攻進馬爾他島的時候，年邁的他率領700名騎士堅守島上的聖安吉洛堡，最後成功擊退據說多達5萬人的鄂圖曼帝國軍隊。

馬爾他包圍戰時，為了鼓舞士氣，他藉由解任怯戰的指揮官等方式，努力提升守軍的鬥志。

據說他在馬爾他包圍戰的時候已經是高齡70歲的老人了。

馬爾他共和國的首都法勒他

現今馬爾他共和國的首都法勒他，是包圍戰結束後在讓・德・瓦萊特的指示下興建的。

※2：起源於中世的宗教騎士團，與聖殿騎士團、條頓騎士團並稱三大軍事修會。除了負責保護基督徒朝聖者之外，也是防範伊斯蘭勢力入侵聖地的主要戰力。現今的根據地已移轉到羅馬、並作為一個無領土的國家存續。

為中國史帶來遠大影響的首位皇帝

始皇帝（前259～前210）

史上首度統一寬廣中國大地的人物，就是始皇帝。他是中國第一個使用「皇帝」稱號的英雄，因為國號為「秦」，所以又被後世稱為「秦始皇」。

始皇帝13歲的時候即位秦王，當時的中國正處於眾多勢力彼此相爭的戰國時代。秦國原本是位處邊陲的弱小國家，但是在進行法制、軍制的改革，力圖鐵製武器和騎馬戰術的強化後，國力也逐步提高了。然後到了始皇帝這一代，為了建立霸業，開始對其他6個國家發動戰爭，接連將它們擊潰之後擴張了勢力版圖。然後，就在紀元前221年滅掉最後僅存的齊國後，秦國統一了中國全土、創建了秦朝。

統一之後，始皇帝著手整備各式各樣的制度，並且進行大規模的土木工程，還將各國皆有所不同的貨幣、單位、以及文字等加以統一。然而，在始皇帝過世以後，秦朝在幾年內就潰滅了。要是沒有他的話，或許「中國」這樣的概念就不會誕生了也說不定。

樣貌和性格都被塑造成專制的君主

始皇帝姓氏為嬴，名字為政。嬴政曾作為人質被送往敵對的趙國，經歷許多的苦難後才終於成為秦王。當他即位時，國家的實權其實是掌握在宰相呂不韋的手裡，因此他在除去呂不韋之後便開始採行增強軍備與完善法制等政策，打造了獨裁的權力。

根據中國史書《史記》的描述，始皇帝有著高鼻梁、細長的眼睛、胸口還宛如猛禽類般突起，聲音就像是山犬。

相傳他的性格有如狼虎，但只要有必要的話，無論如何都會表現謙遜，不過一旦情勢有利自己，立刻就會力壓他人。相傳為了統一思想，他在紀元前213年便將自己不樂見的書籍全都強制列為禁書。隔年更將批判自己的學者活埋。這便是知名的「焚書坑儒」。

直到始皇帝推動統一之前，中國的貨幣、文字、度量衡（計算單位）等都是因國而異。因此統一這些東西成了他重要的政策。除此之外，他還實施修築道路等大規模的建設事業，為後世帶來深遠的影響。

始皇帝的統一大業

他在群雄割據的中國憑藉軍事力量完成統一，但同時也展開大規模的建設工程，偉業流傳至後世。

萬里長城

為了防止北方民族的入侵、下令建造萬里長城作為屏障的也是始皇帝。

現在保留下來的長城是明代大整修後的產物。在始皇帝的時代是將北方的趙國、燕國的城牆與秦國修築的部分連結在一起，相對比較簡易。

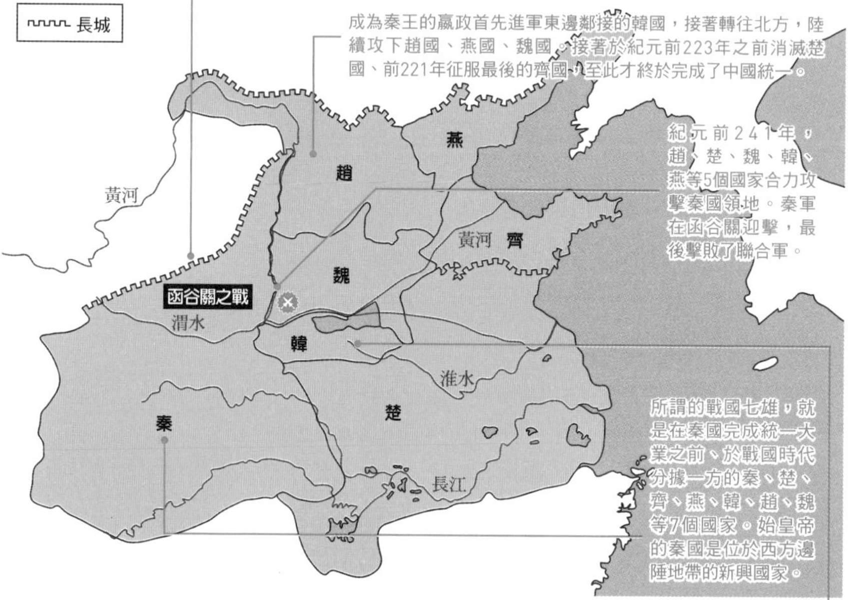
長城
成為秦王的嬴政首先進軍東邊鄰接的韓國，接著轉往北方，陸續攻下趙國、燕國、魏國。接著於紀元前223年之前消滅楚國、前221年征服最後的齊國，至此才終於完成了中國統一。
紀元前241年，趙、楚、魏、韓、燕等5個國家合力攻擊秦國領地。秦軍在函谷關迎擊，最後擊敗了聯合軍。
燕
趙
黃河
黃河
齊
魏
函谷關之戰
渭水
韓
淮水
秦
楚
長江
所謂的戰國七雄，就是在秦國完成統一大業之前，於戰國時代分據一方的秦、楚、齊、燕、韓、趙、魏等7個國家。始皇帝的秦國是位於西方邊陲地帶的新興國家。

兵馬俑

後世在始皇帝陵墓的東邊約1.5km的位置發現了巨大的遺跡，並在那裡出土了大量的士兵與馬匹塑像，這就是知名的兵馬俑坑。目前已經發現了4處坑洞，裡頭整齊排列著約6000尊的陶土製士兵與陶土製馬匹像。

「俑」就是陶土製人偶的意思。這些塑像比實際的高度還大上一些，而且每一尊的表情都各異其趣，這也顯示了始皇帝握有莫大的權力。

構築了長久繁榮基礎的偉業

建國的英雄

國家的創始者多半會被後世稱頌、並視為英雄看待。如果這個國家能長期繁榮下去，那麼建國英雄也會受到更崇高的尊敬。

在古埃及時代，最初成立的統一國家被稱為埃及古王國。其傳說中的開創者就是美尼斯王。相傳美尼斯王在紀元前２９５０年左右統一了上下埃及，創立了第一王朝。

羅馬帝國的疆域廣及歐洲、北非、西亞。原本是共和體制的國家，就在她邁向帝王統治之際，躍上初代皇帝寶座的就是奧古斯都。此後，直到拜占庭帝國（東羅馬帝國）於１４５３年滅亡，國祚長達１４００年之久。

17世紀，努爾哈赤建立了後金，這是屬於女真族的國家。後金在日後征服了中國，誕生了一路存續至20世紀的清朝。清朝延續約２５０年之久，而努爾哈赤建立其前身，後代子孫們也將他奉為清太祖。

古埃及最初的法老
美尼斯王（前3000年左右？）的傳說

創設埃及古王國第一王朝的國王（法老）。傳說他建立了孟菲斯作為都城。不過，關於他是否真的存在依舊無法確定。有論點認為他和確實存在的那爾邁或阿哈[※1]其實是同一個人。

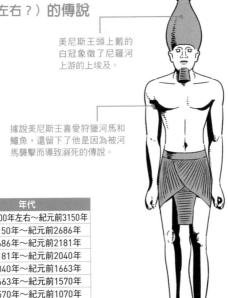

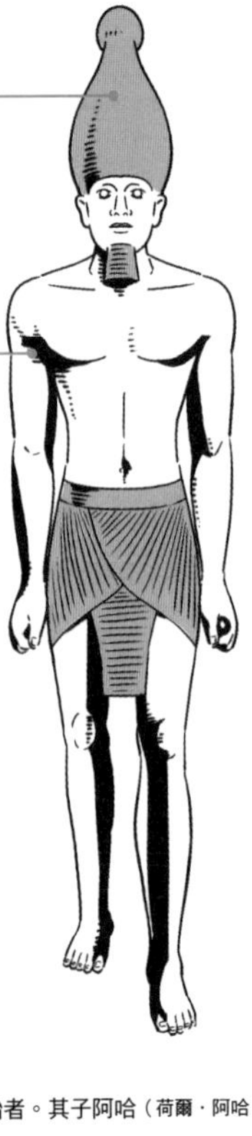
美尼斯王頭上戴的白冠象徵了尼羅河上游的上埃及。
據說美尼斯王喜愛狩獵河馬和鱷魚，還留下了他是因為被河馬襲擊而導致溺死的傳說。

古埃及的年代區分

區分	年代
埃及原始王時代	紀元前4200年左右～紀元前3150年
埃及早期王朝時代	紀元前3150年～紀元前2686年
埃及古王國	紀元前2686年～紀元前2181年
埃及第一中間期	紀元前2181年～紀元前2040年
埃及中王國	紀元前2040年～紀元前1663年
埃及第二中間期	紀元前1663年～紀元前1570年
埃及新王國	紀元前1570年～紀元前1070年
埃及第三中間期	紀元前1069年～紀元前525年
埃及末期王朝	紀元前525年～紀元前332年
托勒密王朝	紀元前332年～紀元前30年

※1：那爾邁是紀元前31世紀的古埃及法老，人們認為他是埃及第一王朝的創始者。其子阿哈（荷爾．阿哈）也是第一王朝時期的法老，在位62年，留下了被賽特神的化身河馬給殺害的傳承。

靠頭腦建構帝國的奧古斯都（前63～後14）

原名屋大維，是凱撒[112頁]的外甥兼養子。凱撒死後，他和安東尼[※2]、雷比達[※3]組成了後三頭同盟。在阿克提姆海戰擊敗安東尼與埃及女王克麗奧佩脫拉七世的聯軍後，屋大維掌握了國內的權力。之後，他發兵消滅埃及，征服了地中海世界，並於紀元前27年成為羅馬帝國的初代皇帝。他是在登基以後才獲得了「奧古斯都」這個稱謂，其名意味著「被尊崇者」。

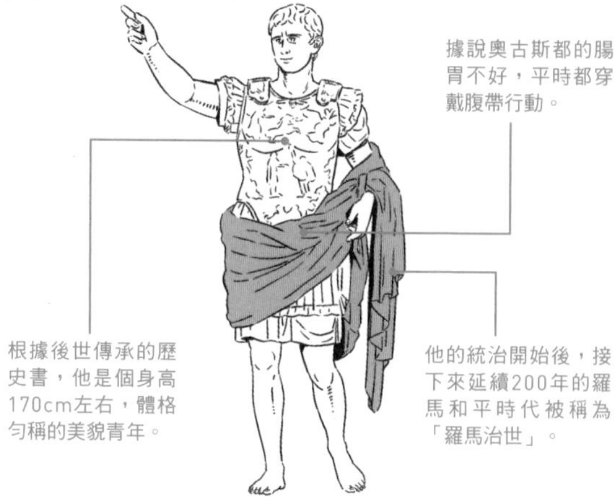
據說奧古斯都的腸胃不好，平時都穿戴腹帶行動。
根據後世傳承的歷史書，他是個身高170cm左右，體格勻稱的美貌青年。
他的統治開始後，接下來延續200年的羅馬和平時代被稱為「羅馬治世」。

成為清朝初代皇帝的努爾哈赤（1559～1626）

努爾哈赤誕生於居住在中國北部的女真貴族之家。當時因為土地問題的爭執，父親和祖父都死於明軍之手，於是他在25歲時起兵，並且接連降伏其他部族、統一了女真族。1616年，定國號為金（後金），並且向明朝宣戰。雖然後金軍隊在薩爾滸戰役取得莫大的勝利，但是努爾哈赤在消滅明朝之前就過世了。金國在1636年將國號改為清，征服了中國全土。努爾哈赤被奉為中國最後的統一王朝——清朝的首任皇帝，同時也被視為英雄。

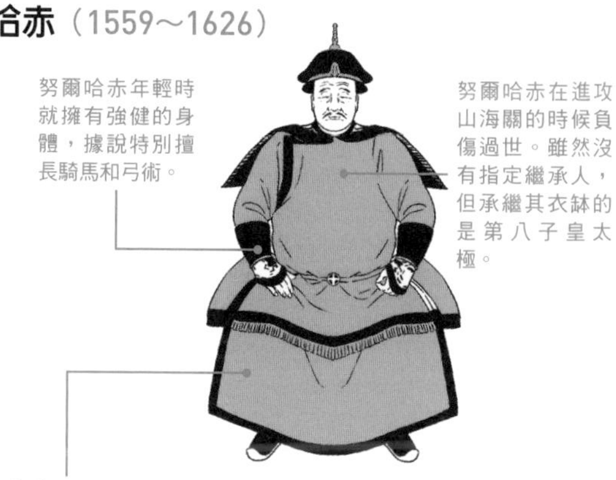
努爾哈赤年輕時就擁有強健的身體，據說特別擅長騎馬和弓術。
努爾哈赤在進攻山海關的時候負傷過世。雖然沒有指定繼承人，但承繼其衣缽的是第八子皇太極。
傳說有一次努爾哈赤被敵人追趕，躲入了溝中。就在這個時候，一群烏鴉飛來蓋住了他，才沒被敵軍發現。還有一次，騎著馬的努爾哈赤同樣面臨被敵人追趕的危機，此時他的獵犬咬住敵人的腿，讓他得以逃出生天。從此以後，清朝便將烏鴉和狗視為神聖的存在。

!
繼續深入了解

建國的英雄

德川家康（1542～1616）

經歷戰國時代的武將，日後為日本國內的戰亂局面畫下休止符、開創了江戶幕府。就這層意義來說，也可說是留下了「建國」的偉業。在那之後，江戶幕府的政治生命延續了超過250年。

克努特大帝（995左右～1035）

丹人（維京人）之王，之後於1016年成為英格蘭國王。他同時也是丹麥國王，在其統治下的那部分斯堪地那維亞半島區域被世人稱為「北海帝國」。

※2：羅馬的政務官，在內亂的時候嶄露頭角。與埃及托勒密王朝的女王克麗奧佩脫拉七世之間的戀情相當出名。｜※3：凱撒的部將，據說他扮演了安東尼與屋大維之間的緩衝者角色。

對抗十字軍的伊斯蘭世界英雄

薩拉丁（1138～1193）

不僅是伊斯蘭教徒，甚至還獲得了基督徒的尊敬，這位中世的英雄就是薩拉丁。薩拉丁是12世紀侍奉敘利亞贊吉王朝的軍人之子。他長大之後，由於贊吉王朝介入了埃及法提瑪王朝的內部紛爭，年輕的薩拉丁也因此被派往埃及。因為在攻略亞力山卓等任務中大為活躍，他後來還就任了埃及宰相。

掌握埃及實權的薩拉丁，於1171年在那裡建立了自己的王朝——埃宥比王朝。後來因為過去於贊吉王朝侍奉的主君努爾丁［38頁］過世，他也就此合併了敘利亞。

成為伊斯蘭世界最高領導者的薩拉丁，在1187年的時候從基督教勢力的手中收復了聖地耶路撒冷。幾年後擊退了英王理查一世［75頁］和法王腓力二世［87頁］領軍的第三次十字軍東征，其英勇的威名甚至響徹了歐洲。

至今仍受到崇拜的庫德族英雄

薩拉丁出身自庫德族這個少數民族。庫德族從古時候開始就居住在現在的土耳其、伊朗、伊拉克等地，生活範圍相當寬廣。不過他們從未擁有自己的國家，所以經歷了一段苦難的歷史，到了現在依舊還受到迫害。因此，庫德族的人們直到現代都還是對薩拉丁這位民族英雄懷抱深切的崇拜。薩拉丁的本名，在阿拉伯文中是「Ṣalāḥ al-Dīn」，意思是「信仰的榮耀」。薩拉丁之名則是在其名傳到歐洲地區後，因為十字軍記載資料的拼音而產生的通稱。

擊敗第三次十字軍東征的隔年，也就是1193年，薩拉丁染上了黃熱病（另有說法為瘧疾）而逝世。據說他在床上持續誦唸古蘭經，直到離世。時至今日，他的墓仍被保存在敘利亞大馬士革的奧瑪亞大清真寺內。

薩拉丁對於異教徒很寬容，甚至曾保住所有基督徒俘虜的性命。此外，戰勝第三次十字軍東征的薩拉丁還和英王查理一世和談，並且還保證讓當時的基督徒前往聖地耶路撒冷朝聖。不僅擁有寬大的心胸，還具備勇敢迎戰十字軍並戰勝對手的勇猛，即便是歐洲的基督徒也將他視為英雄、抱持敬意。他的形象，就是一個「高貴的異教徒」，同時也是理想的君主。

哈丁戰役

耶路撒冷王國是1099年第一次十字軍起兵時由歐洲的基督教勢力所建立的國家[31頁]。不光是對伊斯蘭教徒而言，耶路撒冷對基督徒來說也是絕對不能讓出的宗教聖地。1187年，率領埃宥比王朝軍隊的薩拉丁在加利利海西方的哈丁與十字軍展開激戰，經過一番你來我往之後由薩拉丁贏得勝利，睽違80年後重新取回聖地。

薩拉丁徹夜對十字軍發動猛攻，不讓對手有機會休息。
伊斯蘭軍
耶路撒冷王國軍（十字軍）
十字軍為了取得用水而來到哈丁丘陵，在這裡遭遇突襲而吃了敗仗。

寬容的英雄

耶路撒冷王國的國王居伊在哈丁一役被俘之後與薩拉丁見面。薩拉丁確保他性命無憂，展現了寬大的胸懷。而且就連無法繳納贖金的俘虜最後也都被釋放，占領耶路撒冷之後也沒有對基督徒做出報復行動。這些舉動都是十字軍始料未及的，紛紛讚揚薩拉丁就是騎士道精神的楷模。

與被俘的居伊會面時，薩拉丁率先端出玫瑰水給對方，還表示會保障他的性命無憂。
低垂著頭的耶路撒冷國王居伊。
構成薩拉丁軍隊核心的奴隸兵馬木路克。埃宥比王朝對他們施行專業的軍事訓練與學術教育，打造出一支精銳集團，日後也逐漸成為下個世代的支配者。

成為世界遺產的居城

敘利亞的西北部有一座名為薩拉丁堡的城。其原名「Qal'at Salah al-Din」的意思就是「薩拉丁的要塞」。原本是十字軍的據點，1188年被薩拉丁攻占，作為自己的居城使用。2006年被聯合國教科文組織登錄為世界遺產。

為了守護領土和信念而繼續執起武器

抵抗侵略的英雄

每當毫無道理的侵略來臨時，總是會出現勇敢與其對抗的英雄們。

對於伊斯蘭勢力這邊而言，歐洲的基督教勢力發動的中世十字軍遠征其實就是單方面的侵略。敘利亞贊吉王朝［※1］的君主努爾丁，便在12世紀的第二次十字軍襲來的時候親自上陣指揮「信仰之戰」、最後迫使十字軍撤退。

13世紀，就在大越陳朝［※2］面臨蒙古帝國的侵略時，一位名為陳興道的名將就此登場。他曾三度參與抵擋蒙古大軍陸海進攻的戰役，最後蒙古勢力都鎩羽而歸。

土地被白人給奪走、族人還成了奴隸，有時候甚至會因此喪命，說到因為白人蠻橫不講理的侵略而遭受迫害，大概沒有比美洲原住民更能體會其中的殘酷吧。19世紀，被稱為「最後的阿帕契族領導者」的傑羅尼莫，就是一位誓死抵抗白人侵略的人物。

親自在戰場上奔馳的君主
努爾丁（1118～1174）

贊吉王朝的第二代君主。他統一了敘利亞，對抗十字軍勢力，並奪回了埃德薩和安條克等地。此外，當埃及的法提瑪王朝因為遭受耶路撒冷王國的攻擊而向其求援時，他也派出麾下的大將薩拉丁[36頁]前往協助。

相傳他會隨身攜帶兩組弓與箭筒奔向戰場，並且一馬當先地在前線作戰。
對阿勒坡以及大馬士革等地區的馬德拉沙（伊斯蘭學校）建設傾注心力，致力於文化的發展。

※1：1127年由伊馬德丁・贊吉樹立的政權，對十字軍採取組織性的抵抗。｜※2：大越陳朝於1225年建國，在13世紀時屢次抵擋蒙古的入侵，還推行《大越史記》的編纂等政策，創造出獨特的越南文化。

扛住蒙古軍猛攻的**陳興道**（1228～1300）

越南的大越陳朝將軍。當蒙古勢力於1258年發起第一次入侵時，他負責鎮守北方而建立威名。1283年，數十萬的蒙古大軍從海陸兩方發動第二次入侵時，他以總指揮官的身分退敵。然而蒙古依舊不死心，於1288年發動第三次入侵，陳興道再次於白藤江戰役擊破敵人，逼得他們打道回府。

留下了《兵書要略》和《萬劫宗秘傳書》等兵法書，作為一個擁有豐富學養的人物也相當出名。

當蒙古軍來襲時，陳興道撰寫了名為《諭諸裨將檄文》的漢文檄文來提振我方軍隊的士氣。

多次與白人作戰的**傑羅尼莫**（1829～1909）

雖然不是真正的酋長，但立場就宛如阿帕契族的酋長。他率領族內的勇猛戰士們，在亞利桑那和新墨西哥等地發起神出鬼沒的游擊戰、持續與白人勢力對抗。他在1876年和1882年兩度被美國陸軍逮捕，但是都成功逃走、繼續抗戰活動。然而，傑羅尼莫和24名戰士於1886年在多達5000人的陸軍士兵與數千民兵的包圍下再次被俘。傑羅尼莫從此以美國軍方俘虜的身分走完了他的人生。

傑羅尼莫是白人對他的通稱。他的本名為「Goyaaé」，意思是「打呵欠的人」。

家族全數被墨西哥人殺害後，傑羅尼莫燒掉了所有的遺物並發誓要報仇。他從阿帕契族的各支族招募戰士發起戰爭。據說有對手看到他在戰場上宛如戰鬼的身影，忍不住高聲呼喚守護聖人「聖傑羅姆」（Jerome）的聖名，他才因此被人用音近的傑羅尼莫來稱呼。

第二次世界大戰以後，在美軍士兵之間形成了於進行跳傘行動的時候高喊「傑羅尼莫」的習慣。

馳騁於戰場的女性武將

戰場上的信賴關係是超越性別的

說到在戰場上勇猛奮戰的英雄，似乎幾乎都是男性。不過，雖然人數相對較少，但是在神話和史實之中，還是存在因為在戰場上活躍的英姿而被代代傳頌的女性英傑們。

彭忒西勒亞是在希臘神話中登場、只由女性成員構成的亞馬遜部族的女王。特洛伊戰爭時期，她們以特洛伊方援軍的身分出戰。相傳彭忒西勒亞甚至還跟希臘的英雄阿基里斯［※1］展開單挑。

12世紀的平安時代末期，信濃武將木曾義仲［75頁］的侍從兼愛妾巴御前便與義仲一同奔赴戰場迎敵。她的活躍事蹟都被詳盡地記載於軍記物語《平家物語》［※2］裡面。

關於彭忒西勒亞和巴御前的真實性其實並不明確，不過在17世紀末的中國，就真的存在一位以女性身分領軍抵抗後金［35頁］侵略的女英雄，她就是秦良玉。中國的史書《明史》［※3］中也記載了她的功績。

戰鬥女性部族之王彭忒西勒亞（希臘神話）

她是戰神阿瑞斯的女兒、亞馬遜族的女王。在特洛伊的英雄赫克托爾戰死之後，彭忒西勒亞作為援軍前往支援，打倒了許多希臘將士。不過，最後她在跟阿基里斯的決鬥中落敗死去。

為了不讓乳房妨礙射箭，相傳亞馬遜的女性會切除慣用手那一側的乳房。

人們認為亞馬遜族是以希臘北方的黑海沿岸和安納托力亞半島、北非等地實際存在的母系部族為基礎，並將其誇張化之後的創作。有說法認為她們會養馬，所以應該是騎馬民族。在希臘神話中描述的諸多戰鬥都能看到她們的英姿。

據說彭忒西勒亞的美貌讓與她決鬥的阿基里斯感到驚為天人，因此對於她的死極為感嘆，相當後悔自己下了殺手。

※1：在希臘神話登場的英雄，荷馬史詩《伊里亞德》的主角。｜※2：日本的戰爭題材文藝作品，據說是完成於鎌倉時代，描述了平家的榮華與沒落，以及武士階級的抬頭等內容。

一人當千的女武者**巴御前**（12世紀）

木曾義仲的侍從。她在義仲於1180年舉兵之際就隨侍在旁，於諸多戰場建立了戰功。根據《平家物語》的記載，當義仲被源賴朝派出的追兵打敗，身邊只剩下5人的時候，巴御前依舊待在身邊。相傳義仲勸她逃走，於是巴御前再次斬下敵將的首級，然後才與義仲分開。

她在義仲死去後就下落不明，但有一說認為她嫁給了擔任鎌倉幕府侍所別當的和田義盛。也有論點認為她削髮為尼，移居到越後去了。
《平家物語》描寫她「長髮、膚色白皙、容貌秀麗。強弓精兵，乃一人當千之兵者」。只不過，除了《平家物語》等軍記物語之外，在其他記述中都找不到她的身影。於是也有人對於她是否真的存在抱持疑問。
擁有與女性不相襯的一身怪力，留下了扭斷敵人的脖子、空手扯裂鎧甲等逸聞。

中國正史唯一的女武將**秦良玉**（1574～1648）

17世紀的明朝女性，也是中國正史上唯一被收錄在列傳（人物傳）中的女武將。丈夫是地方的行政官員，之後因為發生叛亂，秦良玉與丈夫一同前往平亂。丈夫過世後，她便承接其職。1621年，後金入侵國土，秦良玉率兵對抗。後來，後金的攻勢讓明朝崇禎帝陷入危機，但各地的勢力都沒有前往救援，唯獨秦良玉響應號召前往救駕。崇禎帝為此作詩4首贈之，以讚揚她的功勞。

明朝於1644年因為李自成之亂而滅亡，秦良玉此後跟隨南明政權，持續奮戰到生命的終點。
據說她也長於詩文，留下了多篇作品。

※3：《明史》為中國歷史典籍的二十四史之一。以紀傳體的形式，記錄了明朝成立到最後滅亡的過程。

挽救低迷期、取回榮耀實在費盡心力

中興的英雄

相較於開啟某些事物，維持它們反倒更是需要勞心費勁。能夠長久延續的國家，多半都是因為在其歷史的途中出現了所謂的「中興之祖」，才因此得以長保安泰的。

西漢（前漢）是在紀元前3世紀末登場的中國王朝，但是在1世紀初期，以皇帝外戚身分掌握實權的王莽篡奪國家，漢朝一度覆滅。不過，體內流著大漢皇帝血液的光武帝再次重新建國，開創了東漢（後漢），一路存續到3世紀。

到了3世紀時，羅馬帝國一分為三，陷入了混亂狀態[※1]。此時整治這場動盪局面、再次讓帝國歸於一統的就是皇帝奧勒良。他也因為這項功績，獲得了「世界修復者」的美名。

17世紀初創立的俄羅斯羅曼諾夫王朝，起初只是歐洲的開發中國家。但是時間來到17世紀末，因為成為君主的彼得大帝積極引入西方的尖端技術，讓國家成為了大國。

花費15年取回國家的漢光武帝（前6～後57）

祖先為西漢[88頁]的景帝，姓為劉、諱為秀。年輕時曾務農與從事商業工作，在王莽篡漢建立新朝之後舉兵。起初經歷一番苦戰，但是在23年的昆陽之戰獲得勝利，乘著這股氣勢聯合各地的豪族，最後滅了新朝，並於25年登上皇帝大位，復興了漢室（東漢）。

光武帝曾留下「得隴望蜀」、「以柔克剛」等名言。前者意指人的慾望無窮；後者表示擁有柔軟性便能戰勝強者。
光武帝身高168cm，容貌被評為「美鬚眉者」。此外還有「額頭上部隆起，像是宛如太陽的角」等形容。

「漢委奴国王」金印的授予

光武帝也是將「漢委奴王」金印授予倭奴國（日本）的人物。金印如同其名，是以純金打造的印章。同時，賜印這件事可視為倭奴國在57年被納入漢朝的冊封體制內。

※1：2世紀末至3世紀，羅馬帝國因為行省叛亂頻發、與薩珊王朝及日耳曼人的戰爭、皇帝亂立等異常情況而進入分裂時代，這個過程被稱為「3世紀危機」。

努力向上的軍人皇帝**奧勒良**（214左右～275）

原本是出身低微的羅馬帝國職業軍人，因為在與哥德人的戰爭中建功，獲得軍方的支持、於270年坐上羅馬皇帝的寶座。當時，羅馬帝國已經分裂成原本的羅馬帝國、帕米拉[69頁]、高盧[※2]等3個國家，但奧勒良於273年攻破帕米拉、隔年又讓高盧歸順，將羅馬帝國再次恢復統一。然而，他卻在275年遠征薩珊王朝的途中遇刺身亡。

為了替帝國帶來精神面的統一，奧勒良推動了太陽神信仰。還發行了刻有自己肖像的硬幣，上面是自己頭戴象徵太陽光的光線頭冠的身影。

奧勒良的正式名字是魯奇烏斯．多米提烏斯．奧勒里安努斯，是潘諾尼亞（現今的匈牙利）行省出身。因為他建立了讓帝國再度統一的偉業，於是獲得了「世界修復者」的名號。

奧勒良將當時被視為冬至左右的太陽神節日訂在12月25日。詳細的經過有種種說法，但是據說這也影響了基督教，讓他們將慶祝耶穌誕生的耶誕節訂在12月25日慶祝。

隱藏身分、親自學習技術的**彼得大帝**（1672～1725）

他在1682年成為君主後，就隱蔽身分，踏上前往各國視察的旅程。他在普魯士學習砲術，又到荷蘭的造船廠以造船工匠的身分工作，像這樣親自習得西方的尖端技術，然後再把這些知識帶回俄羅斯。俄羅斯因此向上發展，還贏得了與瑞典展開的大北方戰爭[59頁]，稱霸了波羅的海沿岸。在那之後，他冠上了「英白拉多」（皇帝）這個稱謂，開創了俄羅斯帝國，從此被人以「大帝」來稱呼。

是個身高超過2m的魁梧男子，據說他在復活節致詞時還因為背痛而不得不彎下身子。此外，他天生就孔武有力，因為總是在揮舞斧頭和鎚子，讓他成為能夠將銀盤逐漸捲成管狀的怪力男。

彼得大帝的雙手很靈巧，會親自製作小船、椅子、餐具、香菸盒等各式各樣的東西。

※2：古時候的羅馬行省，位置相當於現在的法國。如同帕米拉，在羅馬帝國局勢最混亂的時候便有人跳出來自立為王、割據為高盧政權。

並非只有戰績才能算是豐功偉業

發展文化的英雄王

無論是藉由戰爭來擴張領土，或是擊敗怪物等，其實都不是成為一名英雄的必要條件。像是法律制度的完善化或大興土木事業以促進文化的發展，也是足以被譽為英雄的偉大作為。

紀元前18世紀左右的巴比倫第一王朝［※1］期間，有位國王漢摩拉比編制了名為《漢摩拉比法典》的系統性法律，還進行驛傳制［※2］的整備與修築灌溉水道，因此廣為人知。

紀元前15世紀，埃及第十八王朝的女王哈特謝普蘇特是個不喜歡戰爭的人物，於是她著重和平的交易外交，這也讓埃及在她超過20年的治理下維持安穩，並且在藝術、建築與通商等方面有所發展。

到了紀元前6世紀，阿契美尼德王朝的波斯之王大流士一世雖然是個征服慾旺盛的人，但是另一方面也加以統一貨幣和度量衡、鋪設交通網路、修築連接尼羅河和紅海的運河等，在內政層面相當用心，將阿契美尼德王朝帶向了興盛。

整備大國統治體制的**漢摩拉比**（紀元前18世紀左右）

紀元前1792年，25歲的他即位為巴比倫國王。在此之前，巴比倫不過就是一介都市型國家，但是漢摩拉比在外交、內政兩個層面都發揮了卓越的手腕，讓國家得以茁壯、成為大國。特別是在內政方面，他振興農業，還施行保障個人權利、追究官吏瀆職等善政，於是被稱為「人民的牧者」。

在帶有「神之門」意涵的都市巴比倫誕生的漢摩拉比，雖然受到來自四面八方、覬覦其領土的勢力威脅，但還是將他們一一擊破，完成了美索不達米亞的統一。

漢摩拉比法典

漢摩拉比於晚年頒布的《漢摩拉比法典》極為出名。以楔形文字記錄的這部法典，特色就屬「以牙還牙，以眼還眼」最具代表性，追求在對等身分間執行公平的法律。此外，認定女性和奴隸也擁有某種程度的權利，也是該法典的特徵之一。

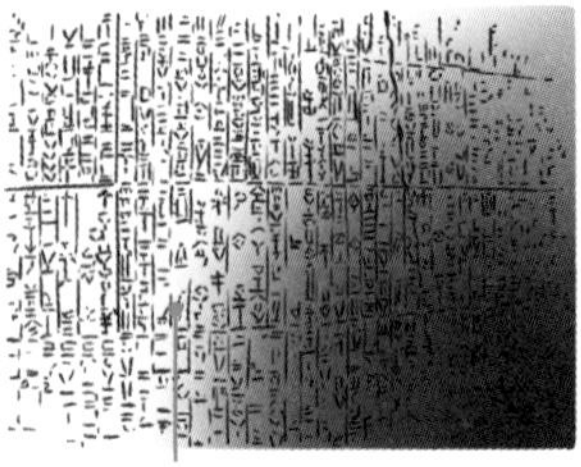

以楔形文字記錄的《漢摩拉比法典》。

※1：巴比倫原本只是個美索不達米亞的都市國家，但是因為漢摩拉比的努力而擴大了領土，國家也邁向帝國化。｜※2：意指古代帝國等用於領土內統治的道路，以及相關的運用方法。道路每隔一定的區間就會設置驛站或軍隊，強化資訊的傳遞。

「最為高貴的女性」哈特謝普蘇特（紀元前15世紀）

她是法老圖特摩斯二世的妻子，丈夫過世之後，因為繼任者還很年幼的關係，她以女性身分的特例於紀元前15世紀初（尚有諸多說法）就任法老之位。她興建了代爾埃爾巴哈里中的露台式神殿[※3]等為數眾多的獨創性建築物，竭盡心力振興藝術。

哈特謝普蘇特這個名字擁有「最為高貴的女性」的意義。她作為和平外交的執行者而聞名，對於內政也是相當用心。
她派遣商船隊伍前往非洲，密切地進行香料等物產交易。在她的安眠處哈特謝普蘇特神廟中的壁畫上，就描繪了派往邦特國（現今的衣索比亞附近）的船舶畫像。
她是特例的首位女性法老，相傳在正式場合還會戴上假的下顎鬍子，並身著男裝。

構築世界帝國的大流士一世（前550～前486）

紀元前522年即位波斯阿契美尼德王朝之主。他鎮壓了國內的叛亂，並發動遠征，建立了支配領域從埃及、小亞細亞往東擴展至印度河的龐大帝國。內政方面，他以依循法律的支配為目標，同時也著手建設新都城波斯波利斯。此外，名為「波斯御道」的主要幹道以及港灣等建設也相當廣為人知。

新都城波斯波利斯

大流士一世於紀元前518年興建的波斯波利斯，是當時被譽為「世界中心」的繁榮之地。城市的建設在他之後的兩代子孫約60年的在位期間內都持續在建構中，也是新年儀式舉行的場所。但後來被亞歷山大大帝[14頁]給破壞，現今只留下了壯觀的宮殿遺跡。

百柱廳（謁見之廳）

雖然自己信奉的是瑣羅亞斯德教，不過對於統治的各民族宗教信仰都抱持寬容的態度。

※3：代爾埃爾巴哈里的意思是「北方修道院」，是一個墓葬神殿群。哈特謝普蘇特神廟也在其中。

column

英雄們的花絮①

踏上旅程的英雄

為了追求某種事物，或者是肩負著某些使命，英雄們因而踏上了漫長的旅程。自古以來，就流傳著許多類似這樣的故事。

因為《吉爾伽美什史詩》等作品而聲名遠播的古美索不達米亞的傳說之王——吉爾伽美什，就是以摯友恩奇杜的死為契機，展開了追求永恆生命而浪跡天涯的旅行。

後來，他從一個經歷過大洪水、名叫阿特拉哈西斯的男人那裡知曉了永恆生命的祕密，成功取得不老不死的靈草。

然而，就在吉爾伽美什在歸途的途中稍事歇息的時候，不老不死的靈草卻被一條蛇給吃掉了。最後他只好抱著沮喪的心情回國。據說在那之後他便接納了死亡，成為了一位明君。

尋求不老不死而展開世界之旅的吉爾伽美什（前27世紀左右？）

於舊約聖經中登場的以色列人民領導者摩西，是位在猶太教、基督教、伊斯蘭教等3個宗教都相當受到重視的人物。摩西出生的時候，以色列人在埃及法老的統治下過著宛如奴隸的生活。

有一天，摩西聽見了神的啟示，於是他聽從神意、帶領人民逃出了埃及。此後，摩西便將迦南地這塊神要賜給以色列人的應許之地作為目標。

經歷40年的旅行，眾人終於抵達了迦南地，但此時卻不見摩西的蹤影。因為摩西扛起了人民質疑神的責任，所以自己不被允許進入應許之地。最後，他便在約旦河的這一頭眺望另一邊的迦南地後逝世。

將人民從埃及帶往迦南地的摩西（前13世紀左右？）

關於神功皇后是不是真的存在，說法倒是眾說紛紜，但據說她是第十四代天皇仲哀天皇的皇后。

根據《古事記》和《日本書紀》的記載，她在仲哀天皇進攻九州的熊襲時與丈夫同行。就在這個時候，神明降下要攻打朝鮮半島的神諭，但據說仲哀天皇並不相信，最後因為神明發怒而死去。於是神功皇后接下了神的指示，渡海攻打朝鮮半島的新羅，將其征服。接下來，她又陸續出征高句麗、百濟，於是便留下了被稱為「三韓遠征」的傳說。

相傳在三韓遠征的過程中，懷有身孕的神功皇后即將臨盆，但是她把石頭綁在腹部，藉此平撫產氣，等到凱旋回歸日本之後，才誕下了日後的應神天皇。

披上甲冑遠征朝鮮的神功皇后（4世紀？）

2章

壯志未酬身先死的悲劇英雄

本章將會介紹雖然曾一度掌握了榮耀，但最後卻以悲劇收場的英雄們。像是與漢高祖劉邦爭鬥而落敗的項羽，或是為了追求角鬥士的自由而戰的斯巴達克斯等例子。他們的人生終幕不光只有燦爛華美的戰鬥，也有被信賴的人給背叛，或者遭受毫無道理制裁等充斥人情冷暖的世間情景。

聽見神的話語，成為百年戰爭的英雄

貞德・達爾克（1412左右～1431）

由法蘭西王國和英格蘭王國於14世紀中期引爆的百年戰爭，在進入15世紀之後，法蘭西逐漸陷入了劣勢。就在這個時候，有一位突然現身的少女挺身而出，將法蘭西從危機局勢中拯救出來。她，就是貞德・達爾克。

貞德原本只是個普通農夫的女兒，某一天，她聽見了神的啟示，於是她連忙前去求見查理王太子（日後的查理七世）。她向查理王太子建言應該奪回當時被英格蘭長期包圍的奧爾良，而王太子聽從了她的建議，並將軍隊的指揮權委任給貞德，結果她成功解除了奧爾良之圍。

以此為契機，法軍展開了反擊，最後終於將英軍全都趕出國內。只不過，時間來到解放奧爾良的隔年、也就是1430年的時候，貞德被反國王派俘虜，並賣給了英格蘭。宗教審判的結果判定貞德為異端，她被視為魔女處以火刑［※］，以19歲之齡逝世。

農夫之女變成穿著男裝的戰士

1429年，這是貞德於百年戰爭期間帶領法蘭西脫離困境的契機時刻。她指揮奧爾良的解放戰爭，實際親赴戰場作戰。

據說貞德第一次聽見神的話語是在13歲的時候。當時她人正在郊外漫步，大天使米迦勒、聖凱薩琳、聖瑪格麗特突然出現在她的面前，並給予了「你要幫助王太子查理，讓他登上王位」的啟示。只不過，她實際前去求見王太子是在1429年，已經是幾年後的事了。

貞德在戰場上是身著男裝，而這也是她被視為異端的原因之一。此外，據說她的身高是158cm左右，以當時的女性來說算是相當高大。

獲得王太子的信任

查理王太子第一次接見貞德的時候，故意混在家臣之中。不過，照理說從未見過王太子的貞德，竟然在瞬間就從人群中找到了他。相傳這也是查理王太子信賴貞德的原因之一。

※：世間亦流傳著貞德未死的傳聞。據說在1436年、也就是她被處刑的5年後，有個自稱貞德的女性出現了，還跟貞德的兄長們碰面，而他們也都認定是本人。佐藤賢一的小說《傭兵皮耶》便是以這則貞德存命說發展出來的作品。

貞德的參戰改變了百年戰爭的走向

這是一場始於1339年、由英格蘭王室與法蘭西王室點起戰火的戰爭。因為王位繼承和領地權的對立越來越複雜難解，讓戰事邁向長期化，到了1453年才完全終結。當時，像現今這種法國或英國等國家意識非常淡薄，所以也可說百年戰爭其實就是治理各方土地的法國王室族群的相互爭鬥。因為這場戰事，也幾乎確定了延續至今的英國、法國的國境。

奧爾良之圍

奧爾良是當時法蘭西這方的都市之中位置最北邊的，屬於軍事要地。查理王太子賦予貞德解放任務、將她派往在英軍的包圍下即將淪陷的奧爾良。她提振了將士們的士氣，接連攻陷包圍奧爾良的城塞，讓戰局一舉扭轉。

英格蘭王國
倫敦
加萊
布雷斯特
盧昂
漢斯
巴黎
棟雷米拉
皮塞勒
神聖羅馬帝國
奧爾良
布爾日
希農
大西洋
法蘭西王國
波爾多
亞維農
地中海
英格蘭領地的變化
1328年
1360年
1429年
貞德·達爾克的路線

奮戰到最後、遭到背叛、被處以火刑

奪回奧爾良以後，查理王太子於隔年1430年即位為查理七世。這時貞德被反國王勢力的勃艮第派俘虜，以1萬埃居（當時的法國錢幣）賣給了英格蘭。貞德被帶往盧昂接受宗教審判，最後判定她是異端。隔年，貞德被處以火刑。

雖然貞德在異端審判中被判定為魔女，最後遭到處刑，但是等到百年戰爭結束以後，復權運動也越來越活躍，貞德的異端判決終於在1455年被撤銷。在那之後，貞德就被視為法國的國民英雄，並且於1920年被天主教會封聖。從此以後，「聖女貞德」之名也逐漸響徹海內外。

因為天主教以外的基督教信仰被嚴厲地彈壓，所以13世紀以後盛行的宗教審判又被稱為異端審判。後來進入14世紀，魔女審判也成為異端審判中的一環。被認定為魔女之人，就會綁在柱子上活活被火燒死。

越是大國之主，就越是無法信賴有能力的部下

被主君警戒的英雄

所謂的掌權者，往往都是一些反覆無常、猜忌心很強的人物。基於這個原因，即便對主君宣誓效忠，卻反倒被討厭、甚至被警戒，最後以悲劇畫下人生句點的英雄，其實並不罕見。

紀元前5世紀，中國春秋時代的吳國，有位名叫伍子胥的武將兼政治家。他協助吳王闔閭打敗了楚國，建立功績。不過，日後吳國與越國開始交戰，因為闔閭之子吳王夫差沒有處決戰敗的越王勾踐，伍子胥因而進諫，但引來主君的不滿，最後被逼迫自盡。

韓信是紀元前3世紀於中國楚漢戰爭時期輔佐劉邦［88頁］建立大漢，對天下統一做出貢獻的武將。然而，等到戰亂平息之後，劉邦就對他萌生了警戒心，最後韓信被設計殺害。

5世紀時，西羅馬帝國的將軍埃提烏斯不僅防範日耳曼民族的入侵、還成功鎮壓奴隸的反叛，遏止了帝國的衰退。然而，他後來還是死在無法信任他的皇帝手中。

為國家著想的進諫卻觸怒龍顏
伍子胥（？～前484）

原本是楚國的武將，因為父親和兄長都死在楚王手下，因此離開楚國，轉投吳王闔閭麾下。後來吳國打敗楚國，伍子胥掘開楚王墓，以報父兄之仇。紀元前494年，吳國在吳越之戰中取勝，當時的國君吳王夫差留了戰敗的越王勾踐一命，但伍子胥顧忌勾踐的狡獪，因此向夫差進諫。結果數年後，夫差下令命他自盡。

為報家族之仇，據說伍子胥掘開了楚平王的墳墓，還鞭打其遺體300下以一雪心頭恨。對屍體進行懲罰性侮辱與破壞行為的「鞭屍」一詞，似乎就是由此而來。

準備自盡之前，伍子胥留下了「把我的眼睛挖出來放到東南（越國的方向）的城門上，我要用自己的眼睛看著越國消滅吳國」這段遺言。在他死後，真的就如同其預言一樣，越王勾踐瞞著吳王夫差悄悄地累積實力，最後吳國便滅於反擊的越國之手。極為後悔的夫差最後也選擇自盡。

極為賢能的智將**韓信**（？～前196）

出身於連母親的葬禮都無法舉辦的貧困人家，起初侍奉項羽[72頁]但沒有受到重用，後來成為了劉邦的家臣。日後提出了各式各樣的戰略，讓劉邦得以擊敗項羽。只不過，劉邦在紀元前202年統一天下後，韓信也因為自身的才華而受到主君的警戒，遭到貶官。最後，不但本人遇害，就連家族也無法倖免。

早在被貶之前，謀士蒯徹就曾諫言「勇略震主者身危，而功蓋天下者不賞」，奉勸韓信自立但被拒絕。而韓信的結局，也應驗了蒯徹當年所言。

韓信年輕時曾被人出言挑釁「用你那把劍刺我，要是做不到的話就從我的胯下鑽過去」。結果韓信真的鑽過那人的跨下，引發眾人一陣嘻笑。不過他表示「羞恥是一時、志向乃一世」，忍了下來。

談到韓信的軍略，「背水一戰」可說是相當有名的例子。當時他以3萬兵力對抗趙國的30萬大軍，背對井陘口的河川布下無處可逃的陣勢，士兵因此拚命作戰，最後取得了勝利。

死於皇帝之手的**埃提烏斯**（390左右～454）

西羅馬帝國的將軍。425年被任命為高盧地區的軍事司令官，努力防備異民族的入侵。即便阿提拉[81頁]於451年率領匈人進攻的時候，他也在沙隆戰役一役將之擊退。然而，隨著他在帝國內的權力越來越強大，自己的兒子還跟皇帝的女兒結婚了，因此招致皇帝（瓦倫提尼安三世）的猜忌與羅馬貴族的反感，最後被皇帝親手殺死。

埃提烏斯參戰的沙隆戰役，乃是匈人與西羅馬帝國、西哥德王國[※]等日耳曼諸國聯合軍的戰爭。在那之前，於多瑙河中流域（潘諾尼亞）坐擁勢力的匈人族的阿提拉，在451年度過萊茵河，入侵高盧地區，並轉往南方進逼羅馬。西羅馬與西哥德聯合軍就在沙龍迎擊他的軍勢，並將之打敗。

小時候曾作為人質與匈人度過一段時日，據說也有匈人朋友。此外，以埃提烏斯的遇害為契機，殺害埃提烏斯的皇帝瓦倫提尼安三世最後也死於暗殺。

※：西哥德人是日耳曼人的一支。375年開始移動，之後進入羅馬帝國的領土，求取保護。這就是日耳曼人大遷徙的開始。後來進入5世紀，他們開始從義大利移轉到伊比利半島，並建設王國。

在榮耀、名聲的背後，樹立了許多敵人

被暗殺的英雄

在眾多英雄之中，也存在曾經一度掌握榮耀，最後卻迎來被暗殺這般悽慘結局的例子。

於希臘神話中登場的邁錫尼［※1］之王阿加曼農，他在特洛伊戰爭［※2］時擔任希臘聯合軍的總司令官，在這場大戰中贏得了最後的勝利。然而，他在返國之後就被妻子以及妻子的外遇對象暗殺了。

紀元前4世紀的馬其頓之主腓力二世，他讓馬其頓王國這個原本不過就是希臘周邊的發展中國家逐步成長為大國，並且將希臘大多數的城邦（都市國家）納入自己的支配下。乘著這股氣勢，腓力二世萌生了征伐波斯的企圖心，結果卻在準備出戰的過程中被自己的隨侍給刺殺。不過，他的志向後來也被其子亞歷山大大帝［14頁］給繼承。

華倫斯坦在17世紀由天主教和新教［※3］相爭的三十年戰爭［※4］中，作為神聖羅馬帝國的總司令官而大為活躍。但是，最後他還是因為與皇帝產生對立，死於暗殺。

因為生性好色而自取滅亡
阿加曼農（希臘神話）

邁錫尼的國王，擔任特洛伊戰爭遠征軍的總大將。即使過程中與英雄阿基里斯[40頁]產生嫌隙，但還是因為奧德修斯[128頁]籌劃的木馬作戰成功，在這場長達10年之久的戰爭中獲得最後的勝利。然而，他在出征前因為將親生女兒獻祭而招來王后克呂泰涅斯特拉的憤怒，最後王后與情人埃癸斯托斯聯手暗殺了歸國的阿加曼農。

19世紀，人們從阿加曼農的根據地邁錫尼的遺跡中發掘出了一副黃金面具，便因為地緣關係命名為「阿加曼農的黃金面具」。

完全應證「英雄難過美人關」這句話的阿加曼農，在特洛伊戰爭獲勝之後便強擄特洛伊公主卡珊德拉為小妾。事實上，他和妻子克呂泰涅斯特拉也是經過一場掠奪後才完婚的。

之所以要獻上女兒作為祭品，是因為阿加曼農在出航前射殺了女神阿提米絲的鹿而惹惱了女神。後來阿提米絲救下這個被獻祭的女兒伊菲革涅亞，讓她成為自己神殿的祭司。

※1：紀元前1600～前1200年間，位於希臘本土阿爾戈斯平原北部的國家。因為19世紀的考古挖掘而證實了她的存在。

※2：發生於古希臘時代，由邁錫尼、斯巴達為主的軍勢征討特洛伊的戰爭。

亞歷山大大帝的魁梧父王 **腓力二世**（前382？～前336）

馬其頓王國之主，亞歷山大大帝的父親。紀元前338年，他在喀羅尼亞戰役大破雅典與底比斯聯軍，支配了希臘本土的大多數範圍。隔年，他促成除了斯巴達以外的城邦都加入的科林斯同盟，並擔任盟主。後來，他開始著手進行遠征波斯的準備，結果在紀元前336年於女兒的結婚儀式現場被隨侍的護衛官給暗殺。

雅典與底比斯組成的城邦聯合軍起身抵抗馬其頓王國的支配。而決定這場戰爭勝敗的，就是喀羅尼亞戰役。因為在這場戰爭中打了勝仗，馬其頓王國因而成為希臘的實質統治者。

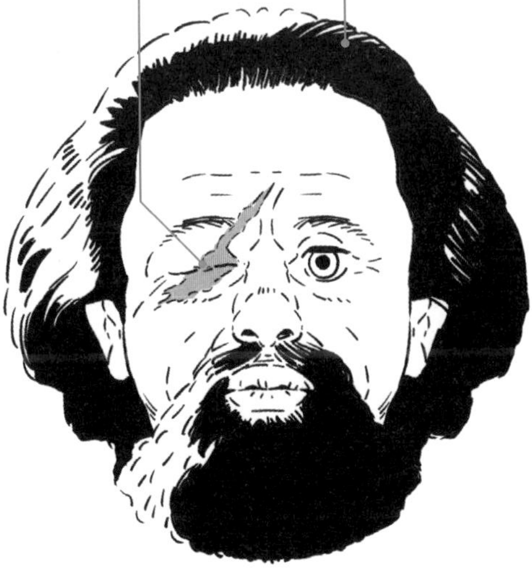

據說他在戰爭時被敵人的箭射中眼睛，所以單眼失明。此外，據說他在被暗殺的3年前因為戰利品分配引發的紛爭而受到瀕死的重傷，因此導致行動不便。

在希臘的維爾吉納遺跡發現了據稱是腓力二世的人骨。從脛骨和大腿骨的長度來判斷，他可能是個身高接近180cm、就當時的標準而言可說是相當高大的男人。

擴張過度的傭兵隊長**華倫斯坦**（1583～1634）

出身於波西米亞的小貴族之家，全名是阿爾布雷希特·馮·華倫斯坦。從年輕時就侍奉神聖羅馬帝國皇帝斐迪南二世，在新教勢力於波西米亞引發叛亂的時候，他參與鎮壓並大為活躍。因此獲得皇帝信賴的華倫斯坦開始擴張領地，並於1624年以自己的資產籌設了2萬人規模的傭兵部隊供皇帝差遣，皇帝也任命他擔任皇帝軍的總司令官。只不過，因為他專斷獨行、擅自與新教勢力締結和談等種種原因，於1634年死於自己的屬下之手。

據說當暗殺者們湧進他的寢室時，他喊著「啊啊！軍營」。似乎是當時軍隊用語中用來表示投降、請求饒恕的詞彙。

有說法認為這場暗殺的幕後主使者，就是對於傭兵隊長意識強於國家歸屬意識的華倫斯坦勢力日漸壯大、因而感到畏懼的斐迪南二世。

※3：原文為「Protestantism」，乃是意指路德派、喀爾文派、英國國教會等脫離羅馬＝天主教會的新教徒。｜※4：於1618年～48年共持續30年之久的戰爭。是一場歐洲各國介入神聖羅馬帝國內戰的國際規模戰爭。

親自參戰、防範波斯軍的入侵

列奧尼達一世（?～前480）

面對以20萬大軍席捲而來的波斯阿契美尼德王朝軍勢，僅僅憑藉300人的直屬軍團就勇敢上陣、展開激烈戰鬥，因而在史冊之中留名的，就是古希臘時代的斯巴達［※1］領導者列奧尼達一世。

紀元前481年，阿契美尼德王朝的薛西斯一世親自領軍對希臘發動進攻。在希臘的城邦國家之中，也不免陸續出現了投降者，但列奧尼達一世與自己親自挑選的300名精銳戰士一起在溫泉關這個防衛要衝布陣，準備迎擊波斯軍隊。

儘管兵力的差距如此懸殊，列奧尼達一世與300名戰士卻抱著寧為玉碎、不為瓦全的戰意阻擋了20萬波斯大軍3天。但最後卻因為出現內部叛徒而導致軍團全滅。雖然國王因此戰死，但是他們所爭取到的時間也讓希臘勢力得以重整旗鼓，最後成功在薩拉米斯戰役擊敗波斯大軍。

是榮譽心極強的王者，同時也是一名戰士

斯巴達是於紀元前12世紀建立的一個希臘城邦國家。他們握有強悍的重裝步兵，而且擁有無論小孩還是女性都要培養成戰士的嚴格教育風氣，這也讓他們成為希臘城邦之中的最強軍事國家[※2]。列奧尼達一世是於紀元前488年即位成為斯巴達王。

相傳當波斯阿契美尼德王朝的大軍進逼的時候，列奧尼達一世得到了神諭「國王不死，國家即滅」。他也因此對死亡有所覺悟，於是告訴妻子「找個好的丈夫結婚，然後生個好孩子吧」。
為了威嚇敵人，據說斯巴達士兵會蓄鬍留長髮，穿上紅色的衣物。因此，光看外表就能分辨出面前的是斯巴達人。
斯巴達的盾牌表面，描繪著斯巴達人用以稱呼自身國家的「Lakedaimōn」的開頭希臘字母「Λ」（Lambda）。

※1：古希臘時代的主要城邦之一。奉行嚴格的軍國主義體制，至紀元前6世紀都掌握了希臘半島南部的霸權，也是伯羅奔尼撒聯盟的盟主。結束與波斯的戰爭後，開始與雅典對立，之後爆發了伯羅奔尼撒戰爭。

溫泉關的攻防戰

溫泉關是位於希臘中部的重要關口。紀元前480年8月，列奧尼達一世率領300名精兵進駐此地布陣，與波斯阿契美尼德王朝的大軍展開殊死之戰。但是在開戰後的第3天，因為當地居民中出現了背叛者，讓波斯軍分兵經由小徑繞道展開夾擊，導致列奧尼達一世的軍團全滅。

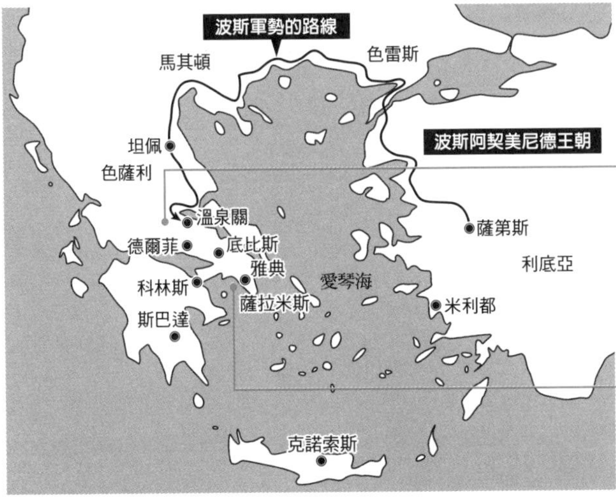
波斯軍勢的路線
馬其頓
色雷斯
波斯阿契美尼德王朝
坦佩
色薩利
溫泉關
德爾菲
底比斯
雅典
科林斯
薩拉米斯
斯巴達
愛琴海
薩第斯
利底亞
米利都
克諾索斯

戰後，人們在溫泉關建立了列奧尼達一世的銅像與墳墓。其墓誌銘上刻著「旅人啊，請告訴斯巴達的人們，我們尊崇旨意、在此長眠」。

列奧尼達一世戰死之後，阿契美尼德王朝的目標就轉向了雅典城邦。但因為列奧尼達一世一行人力戰至最後一刻的英雄表現，雅典因此爭取到時間、重新整備海軍的軍勢。紀元前480年9月底，希臘派出三列槳座戰船在雅典外海的薩拉米斯島附近擊敗波斯海軍。阿契美尼德王朝在此戰後打道回府。

國王親自挑選的300精銳戰術與壯烈的終幕

列奧尼達一世與他的300名精銳戰士最後全數陣亡，他們勇猛的拚戰過程為希臘的將士們帶來了勇氣，最後得以成功粉碎波斯阿契美尼德王朝的野心。

由列奧尼達一世親自挑選、率領的300名精兵乃是戰士中的精銳。關於挑選的標準，強悍當然是必要的條件，不過據說已經留下後代子嗣這一點也是重要的挑選指標。

古希臘的歷史學家希羅多德在其著作《歷史》中提到，300精兵與波斯軍對峙的時候，曾一度轉身撤退。波斯軍以為對手要逃走了，隨即展開追擊，但是300精兵卻突然迴轉、出現在波斯軍追來的地方並展開反擊。

※2：現今，我們會將非常嚴格的教育方式稱為「斯巴達教育」，這個詞彙的典故就是來自於斯巴達人從小就對孩子進行嚴厲的訓練、將人人培養成勇敢強悍戰士的風氣。

於戰地殞落之姿展現了人性

玉碎的英雄

有某些英雄，是在稱之為無謀也不為過的戰事中殞落的。在這些人裡面，有直到最後都相信自己會贏得勝利的人、也有打從一開始就對戰敗有所覺悟的人。

提到前者的代表人物，就是大膽查理以及古斯塔夫二世・阿道夫了。

勃艮第公爵是支配法蘭西王國東南部一片廣大領地的統治者。15世紀時，第四代家主大膽查理（查理一世）為了力爭讓勃艮第公國從法蘭西獨立出來而發動戰爭，最後於戰場上陣亡。還有，到了17世紀，瑞典國王古斯塔夫二世・阿道夫介入三十年戰爭［52頁］，並且親自領軍率先進攻德意志。然而，他卻在戰場上中槍戰死。

幕末時期的新撰組副長土方歲三則是後者的代表人物。即便理解時代的趨勢已經變得對自身陣營不利了，卻還是持續為了德川幕府挺身而戰，最後據守在箱館的五稜郭，壯烈地犧牲。

表現出莽撞性格的稱呼也相當知名
大膽查理（1433～1477）

瓦盧瓦勃艮第王朝的勃艮第公國第四代家主。他把讓國家從法蘭西王國獨立視為目標，與法蘭西國王路易十一開戰，在某個時期一度讓領地擴張。只不過，以瑞士為首等一干周邊國家陸陸續續加入路易十一的陣營，勃艮第公國也逐漸被孤立了。1477年，他在南錫戰役與受雇於法王的瑞士傭兵部隊交戰時戰敗而死。

英格蘭
荷蘭
布魯日
安特衛普
比利時
德意志
法蘭西
盧森堡
第戎
瑞士
1400～1440左右的勃艮第公國領地
現代的國境線、國名

是個自己率先衝鋒陷陣的豪勇人物，因此有了大膽查理、勇士查理、莽撞查理等各式各樣的暱稱。
以羅馬帝國的軍隊為範本進行標準化，雖然還編列了加入野戰砲的軍隊，但沒有發揮其性能。

戰死 !? 難以想像這會是國王的結局
古斯塔夫二世‧阿道夫（1594～1632）

北歐大國瑞典王國的領導者。瑞典王國奉新教為國教，於三十年戰爭邁向長期化的過程中，於1630年對德意志發動進攻，與屬於天主教勢力、由華倫斯坦率領的神聖羅馬帝國軍交戰。雖然握有最新式槍枝與大砲的瑞典軍連戰連勝，但國王自己卻在1632年的呂岑會戰中陣亡。

呂岑會戰一役，古斯塔夫二世‧阿道夫騎著馬衝在全軍的前方，但因為當時的戰場被濃霧籠罩，導致他太過接近敵軍而中槍，最後死在戰場上。據說右耳與眼睛間的槍傷是致命傷。

瑞典於1965年發行的100克朗紙鈔，上面是古斯塔夫二世‧阿道夫的肖像。

繼續深入了解

玉碎的英雄

土方歲三（1835～1869）

出身於武藏國多摩郡的農家。他學習了天然理心流的劍術，於1863年與同鄉的近藤勇一起參與了新撰組的創立。後來，他們掌握了新撰組的實權，近藤勇成為局長、土方歲三成為副長。新撰組在京都負責警備討幕活動，但是在鳥羽伏見之戰戰敗後回到江戶。之後他們陸續轉戰關東、東北等地區，持續與政府軍對抗，最後土方在箱館五稜郭的戰事中陣亡。

羅蘭（中世的傳說）

中世歐洲極富盛名的半傳說人物，相傳他是侍奉查理大帝[22頁]的騎士。根據《羅蘭之歌》傳說的記載，他在與伊斯蘭勢力戰鬥時被競爭對手欺騙而被獨留在前線，最後壯烈犧牲。他持有的聖劍杜蘭達爾和愛馬韋蘭迪夫也相當廣為人知。

最後終究無法克服疾病或事故帶來的傷害

輸給病痛的名將

無論是再怎麼強悍、再怎麼賢明的英雄，終究還是難敵疾病或受傷所造成的摧殘。

2～3世紀的中國三國時代，諸葛亮作為蜀國的軍師、輔佐自己的主君劉備和強國魏國展開了多次的交鋒與對抗。然而，諸葛亮卻在五丈原戰事的途中不幸病逝。從此以後，蜀國的國力就急速地衰退，最後被魏國給消滅了。

13世紀的法蘭西王國領導者路易九世，他不僅振興學術、藝術、慈善事業，而且還運用靈活的外交手腕與周遭國家建立了良好的關係，讓法蘭西的國際地位有了飛躍性的提升。

無奈的是，他在自己發起的十字軍東征過程中，因為染上了傳染病，最後於異國的土地離世。

17～18世紀的瑞典國王卡爾十二世被譽為戰術的天才，讓國家與俄羅斯之間的戰爭得以朝著有利的方向邁進。可是他在戰場上負傷，以至於無法在前線直接領導軍勢，最終導致了瑞典軍的大敗。

身為天才軍師也無法戰勝病魔的**諸葛亮**（181～234）

三國時代蜀國的軍師，也是該國丞相[※1]，他的字「孔明」也是如雷貫耳的稱號。原本隱居鄉野，但是在劉備上門求賢後成為他的軍師，並獻上讓劉備、曹操[82頁]、孫權等3位英雄分據一方的「三分天下之計」。在208年的赤壁之戰後，協助劉備建國，並致力於提升蜀國的國力。234年，與魏國在五丈原展開的戰事中因病離世。

綸巾
根據記載，他身高8尺，在當時相當於180cm的高大身材。
在戰場上也不會穿鎧甲，一直都是文官的打扮。
雖然諸葛亮給人的印象總是羽扇配上道家道士般的打扮，但據說這個模樣其實是來自於明朝洪武帝[89頁]的軍師劉基。
羽扇

曹操
兩股勢力一起制衡曹操
劉備
孫權
只要有強敵存在，想要完全支配天下就沒那麼容易，因此必須要營造出將天下分為3份並支配其中之一的相互抗衡局勢，再逐步尋求最終的天下一統目標。這就是所謂的三分天下之計。

※1：古代中國的宰相。「丞」和「相」都有「協助」的意涵，是個創設於秦代、負責輔佐皇帝或王的官職。

於戰敗後的失意中病逝的**路易九世**（1214～1270）

卡佩王朝第九代的法蘭西國王。他創設了索邦神學院（現今的巴黎大學前身），整備審判制度、建立了高等法院的基礎。致力於內政發展的同時，他也參與外國紛爭的調停，在外交層面也獲得了很高的評價。因為他是虔誠的基督徒，因此於1248年展開了第七次十字軍遠征，不過因為戰敗，在埃及成了俘虜。時間來到1270年，路易九世又組織了第八次十字軍遠征，但是於突尼斯感染了傳染病（據說是鼠疫）而病故。

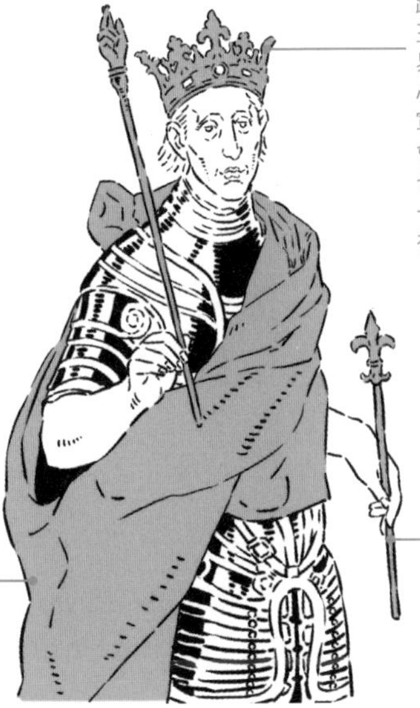
路易九世被譽為「賢王」、「虔誠者路易」。基於虔誠的信仰心，他曾兩度發起十字軍遠征。死後，羅馬教會封他為「聖人」，這也讓路易九世成為唯一一個以皇帝或國王身分被封聖的人物。
母后「卡斯蒂利亞的布蘭卡」在路易九世成年之後依舊對他有諸多的干涉。她一直針對兒子和王妃「普羅旺斯的瑪格麗特」的關係從中作梗，導致母親與媳婦之間的關係相當不好。
收集了許多聖遺物，並於巴黎興建聖禮拜堂來收納聖遺物。聖禮拜堂也作為知名的哥德式建築被登錄為世界遺產。

從年輕時就喜愛戰爭的**卡爾十二世**（1682～1718）

瑞典國王。在15歲即位後，因為俄羅斯的彼得大帝[43頁]看輕這位年輕的新國王，於是與丹麥和波蘭立陶宛聯邦等國家聯手進攻瑞典。1700年，大北方戰爭[※2]爆發，卡爾十二世先是壓制了丹麥、然後又在納爾瓦戰役擊敗俄羅斯，接著進軍波蘭，於戰事初期就建立了壓倒性的戰果。不過到了1709年攻打俄羅斯的要塞波爾塔瓦時，他在戰前就受傷，無法繼續指揮，最後瑞典軍以戰敗收場。卡爾十二世逃往鄂圖曼帝國意圖重整再起，不過最後還是在1718年時戰死。

相傳他4歲前就會騎馬，11歲時就能一槍射殺熊，又被稱為「殺熊者」。
非常喜歡戰爭，曾說過「打仗比獵熊還更快樂」，又稱槍戰的聲響為「這才是屬於我的音樂」。
卡爾十二世是在進攻挪威的弗雷德里克斯滕要塞時被流彈波及身亡，但也有說法認為他是死於與王位繼承問題相關的暗殺行動。

※2：1700～1721年在俄羅斯與瑞典之間爆發的戰事。最後俄羅斯獲得勝利，因此掌控了波羅的海的制海權，成為日後發展成一方大國的契機。

於悲劇的終幕踏上流浪之旅的神話英雄

伊底帕斯（希臘神話）

伊底帕斯在希臘神話登場的眾多英雄裡面，堪稱是度過的人生最為悽慘的人物。

城邦國家底比斯之王萊瑤斯曾獲得「你會被自己的孩子殺害」這則神諭，之後與妻子柔卡絲塔生下一個男孩，也就是伊底帕斯。萊瑤斯相當畏懼先前的神諭有一天會成真，因此便將這個孩子扔在山裡。但伊底帕斯後來被人帶去科林斯［※1］，由該國的國王與王后扶養長大。

長大以後的伊底帕斯因為接獲了「你會殺害父親、與母親成婚」的神諭，為此離開了科林斯，踏上旅程。路途中他曾與人發生爭執，並殺害了對方。在那之後，沒有國王坐鎮的底比斯正為怪物斯芬克斯所苦，而伊底帕斯成功智退了這頭怪物。因為這項功績，他坐上了底比斯的王位，並與王后成婚。意想不到的是，他在旅途中殺害的男人竟然是自己的親生父親，而他迎娶的妻子乃是自己的生母。得知這些事實後，他悲憤地刺瞎了自己的雙眼，又再度踏上旅程。

即便智取怪物、登上了王位，最終還是變成瞎眼的流浪者

接獲「殺害父親、迎娶母親」這則神諭的時候，還不知曉自己身世的伊底帕斯，因此誤以為自己會殺掉他認定的親生父親科林斯王、並迎娶他認定的母后。為了避免這些慘劇發生，他才毅然決然展開了旅程，結果這些誤解反倒成了最終悲劇的肇因。

19～20世紀的奧地利心理學家佛洛伊德基於這篇悲劇性的希臘神話，將男性敵視同性的父親、想要獨占母親這名異性的愛等傾向命名為「伊底帕斯情節」。

伊底帕斯這個名字意味著「腫脹的腳」。據說這是因為他被人發現時雙腳因傷腫脹的關係。而這個腳傷是伊底帕斯被親生父親萊瑤斯扔在山裡的時候弄傷的。

古代印度也有類似的傳說

紀元前5世紀左右，印度有個繁榮的摩揭陀國，國王頻毘娑羅得知了「會死於親生子之手」這則預言，之後他的兒子阿闍世真的將其殺害、篡奪了王位。

※1：位於伯羅奔尼撒半島連接處一帶的城邦國家。因商業而繁榮，據說希臘建築中的科林斯柱式就是在這個地方誕生的。

與怪物斯芬克斯的鬥智事蹟

斯芬克斯是頭部是人類、身體是獅子的怪物，在某些說法中還長了翅膀。起源據說是來自於埃及，但不光是埃及神話，在希臘神話、美索不達米亞神話中都有登場。相傳天后赫拉將斯芬克斯派往底比斯，讓當地人相當苦惱。當時繼承萊歐斯的底比斯王克里昂只好宣布誰能擊敗怪物，就能得到底比斯王位與其姊王后柔卡絲塔作為獎勵。

據說斯芬克斯背上長出的雙翼是跟鷲一樣的翅膀。
伊底帕斯
斯芬克斯
在伊底帕斯的神話中登場的斯芬克斯，會對旅人提出謎題問答，答錯的人將會被其吞噬。這個謎題是「早上用4條腿、中午用2條腿、晚上用3條腿行走的動物是什麼？」答案則是「人類」[※2]。因為伊底帕斯答對了，惱羞成怒的斯芬克斯因此投海自盡。
相傳斯芬克斯的身軀是宛如獅子的身體。
也有說法指出尾巴的部分是一條蛇。

伊底帕斯的祖先與子嗣

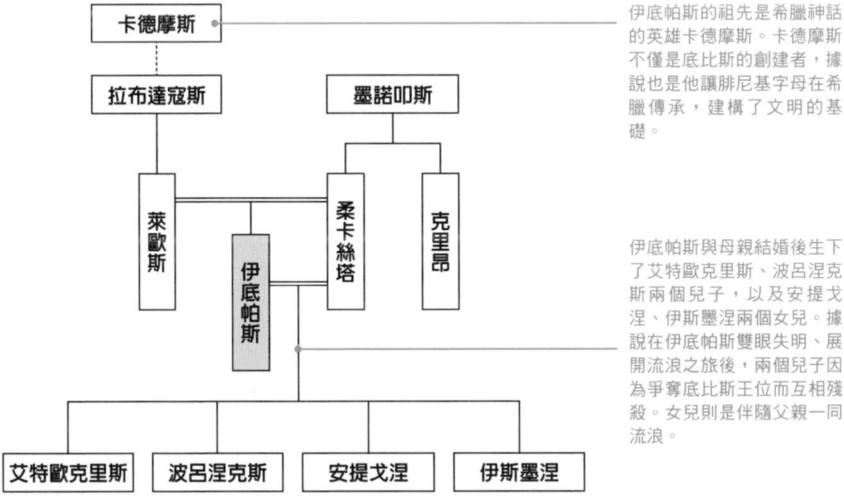
卡德摩斯
拉布達寇斯
墨諾叩斯
萊歐斯
柔卡絲塔
克里昂
伊底帕斯
艾特歐克里斯
波呂涅克斯
安提戈涅
伊斯墨涅
伊底帕斯的祖先是希臘神話的英雄卡德摩斯。卡德摩斯不僅是底比斯的創建者，據說也是他讓腓尼基字母在希臘傳承，建構了文明的基礎。
伊底帕斯與母親結婚後生下了艾特歐克里斯、波呂涅克斯兩個兒子，以及安提戈涅、伊斯墨涅兩個女兒。據說在伊底帕斯雙眼失明、展開流浪之旅後，兩個兒子因為爭奪底比斯王位而互相殘殺。女兒則是伴隨父親一同流浪。

※2：人類在剛誕生的嬰兒時期是用雙手雙腳爬行、長大後用兩條腿行走、到了老年則是要撐著拐杖，就好像有3條腿。

即使冒著生命危險也要明志，是尊嚴還是偏執呢？

貫徹信念的英雄

有一些英雄完全不畏懼死亡，堅持貫徹自身的信念。他們的人生哲學看在不同人的眼裡，或許有時顯得很了不起、有時卻會顯得很愚蠢吧。

紀元前3世紀的中國戰國時代，秦國武將白起在即將攻陷趙國之前，卻因為宰相范雎的介入讓進軍停擺。數年後，秦昭襄王又命白起攻打趙國，但這次白起卻以「最好的時機已經過去」為由拒絕了這道命令。最後他也因此被迫自盡而亡。

紀元前1世紀，古羅馬發生了大規模的奴隸叛亂，而領導這場叛亂的人物就是奴隸角鬥士［※1］斯巴達克斯。他率領數萬名奴隸，為了爭取自由與解放而戰，但最後被羅馬軍打敗，戰死沙場。

談到角鬥士，3世紀時有一位羅馬皇帝康茂德深信自己是希臘神話中的英雄海克力斯轉世，還以角鬥士的身分在眾多的觀眾面前出戰。只不過，這終究只是狂熱分子般的行徑罷了。

自軍的決策靠自己決定

白起（？～前257）

秦國的武將，侍奉秦昭襄王。因為百戰百勝而立了大功。紀元前260年，他在長平之戰大勝趙國，但宰相范雎顧忌他會出人頭地，因此阻止他繼續進軍。後來，秦國又再次對趙國發動攻勢，雖然秦昭襄王命他率領大軍，卻被白起拒絕了，這也導致他最後被迫自盡。

於長平之戰擊破趙國軍隊之際，他活埋了超過40萬的投降者。除此之外，他還在伊闕之戰斬殺24萬人、華陽之戰斬殺13萬人，留下不少大量殘殺的紀錄。

戰國四大名將

所謂的戰國四大名將，是指南朝梁代完成的《千字文》中出現的4名活躍於戰國時代的名將。

秦國的白起
侍奉秦昭襄王，百戰皆捷的名將。

秦國的王翦
侍奉始皇帝，消滅趙國和楚國，幫助秦國統一天下的名將。

趙國的廉頗
因為與宰相藺相如的「刎頸之交」而流芳百世的名將。

趙國的李牧
在肥下之戰、番吾之戰大敗秦軍的趙國名將。

※1：古羅馬時代在作為觀賞性賽事的格鬥競賽中出戰的鬥士。因為主要使用名為「Gladius」的劍，所以他們在英語中也被稱為「Gladiator」。

追求自由的叛亂領袖斯巴達克斯（？～前71）

色雷斯出身的奴隸角鬥士。於紀元前73年與多達70人的同伴一起從卡普阿的角鬥士訓練所逃走，然後組織了奴隸以及貧困的農人，向羅馬軍宣戰。斯巴達克斯的軍勢最盛大的時候多達12萬人，甚至支配了南義大利。但是到了紀元前71年，他們敗給元老院派出的克拉蘇[112頁]率領的軍隊，斯巴達克斯壯烈捐軀。叛亂奴隸的餘黨最後也被龐培掃蕩。

面臨最後的決戰時，他殺了愛馬以示決心。相傳開戰以後，他鎖定了克拉蘇，接著發動突襲，但最後還是死於混戰。

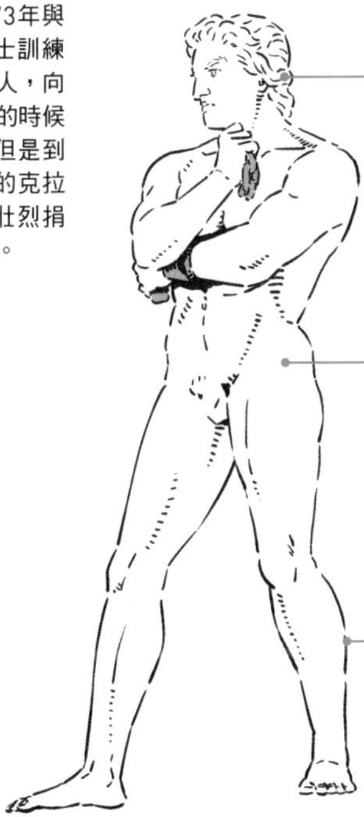

斯巴達克斯要求軍隊清廉，例如嚴禁私自持有金銀等等。據說他的高潔品格就連身為敵人的羅馬軍都讚嘆不已。

關於他的出身，有人說是色雷斯Maedi族的士兵，被羅馬軍抓住後成了奴隸。也有人說他是傭兵，之後成了逃亡的奴隸。說法形形色色。

被俘虜的叛亂軍超過6000人，他們被綁在裝設於阿庇亞道[145頁]的十字架上示眾。

做得太過頭的羅馬皇帝康茂德（161～192）

羅馬皇帝，父親是五賢帝[※2]之一的馬可・奧理略。他相信自己是半神英雄海克力斯[137頁]的轉世，為了展現自己的武勇，即便身為皇帝，他還是會以角鬥士的身分在觀眾面前出戰，與獅子戰鬥等等。除此之外，他還將羅馬改名為自己的名字康茂德，做出各種失控脫序的行徑，因而招致眾人的反感，最後在其情婦等人的籌畫下，被人於浴場殺死。

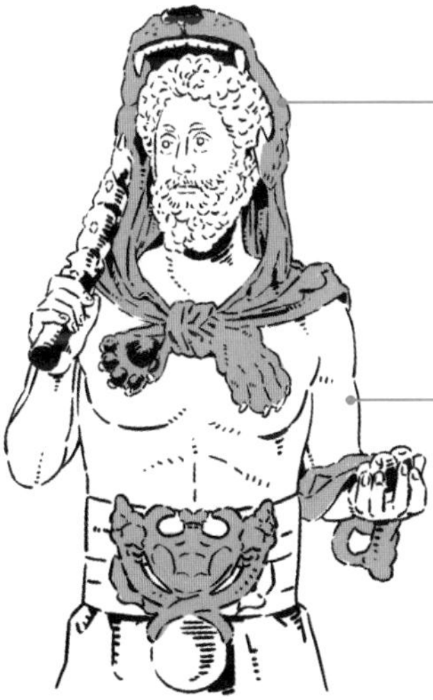

他命人模仿希臘神話的英雄海克力斯，打造出一尊自己身披獅子皮的雕像。

有段時期他曾經把名字改成「Lucius Aelius Aurelius Commodus Augustus Herculeus Romanus Exsuperatorius Amazonius Invictus Felix Pius」，把自己喜歡的人物名字都放進名字裡面。

※2：讓羅馬帝國更趨於穩定、於1世紀末～2世紀末在位的5位皇帝，被譽為「五賢帝」。他們分別是涅爾瓦、圖拉真[145頁]、哈德良、安托尼烏斯、奧理略。

女性也會賭上性命而戰

於戰場上殞落的女鬥士

這個世界也存在著勇敢地迎向強敵，然後在戰場上壯烈消逝的一群女性們。

1世紀時，越南這塊土地是處於中國東漢的支配下。當地的越人（越南人）也曾在這段期間發起反抗。指揮抗爭行動的，就是繼承在地豪族血脈、名為徵側和徵貳的徵氏姊妹。她們竭盡全力與東漢的鎮壓軍對戰，但最後還是吃了敗仗，姊妹倆都被處刑。

到了19世紀，當時被英國支配的印度也發動了大規模的印度民族起義［※1］行動，其中的領導者之一，就是占西土邦的拉克什米・芭伊王后。她一馬當先地在反抗軍的最前面領軍作戰，獲得了民眾的狂熱支持，不過她在印度中部的瓜廖爾堡遭受英軍發動的總攻擊，力戰而死。

同樣是19世紀，日本正處於幕末時期的動盪局勢。有位會津藩藩士的女兒中野竹子，在戊辰戰爭開始後組成了只由女性構成的婦女隊（娘子軍）。她們與新政府軍展開激烈的戰鬥，最後在涙橋殞命。

挑戰大國支配者的兩位女性**徵氏姊妹**（？～43）

徵側和徵貳這對姊妹出生於越南的豪族人家，之後於40年時發兵起義。有一種說法是徵側的丈夫被東漢的太守殺害，這場反亂才因此而起。徵氏姊妹在短時間內就攻陷了65座城，徵側也自號女王。後來漢光武帝[42頁]派出了鎮壓軍，徵氏姊妹不敵軍勢，戰敗被捕，之後兩人都被處刑。反抗行動歷經3年後宣告結束。

越南各地都有祭祀她們的祠堂或寺院，也有道路是以她們來命名。
徵側
徵貳

※1：印度民族起義乃是印度當地針對英國的殖民地支配發起的抗爭行動。亦有「大叛亂」等稱呼，印度方則稱之為「第一次印度獨立戰爭」。

領導獨立抗爭的王后**拉克什米・芭伊**（1835左右～1858）

占西土邦的王后，因為沒有孩子，英國於1854年其丈夫過世後便將占西納入英國領地。3年後的1857年，印度發生了大規模反亂，她獲得民眾的支持，成為反抗軍領導者中的一人。拉克什米・芭伊是一位勇敢又具備軍事才華的女性，她和也有女性成員參與的義勇軍頑強地與英國軍隊抗衡。後來在英軍對她們據守的瓜廖爾堡展開總攻擊時，拉克什米・芭伊率先突擊，最後於混戰之中捐軀。

雖然銅像的形象是身穿紗麗，但實際上拉克什米・芭伊在帶領反抗軍作戰的時候，是穿著跟男性一樣的騎馬褲、上半身是絹質罩衫搭配腰帶、披掛短劍並雙手持手槍、頭上還綁著纏頭巾。
據說對手英軍的羅茲少將也對她的戰術能力有相當高的評價。後來的尼赫魯[※2]也讚揚她是個「名聲超群，即便時至今日也是位能廣獲世人敬愛的人物」。

於幕末奮戰的勇悍女性**中野竹子**（1847／50～1868）

會津藩士中野平內的的長女，是一位薙刀高手。1868年戊辰戰爭爆發的時候，新政府軍朝若松城進逼而來，中野竹子因此和妹妹優子一同組建了婦女隊，站在隊伍的最前方揮舞薙刀作戰。不過，她在轉戰城下一帶的時候中槍，受了致命傷，最後選擇自盡，由妹妹負責介錯。

據說介錯時因為被頭髮給纏住，無法將首級取走，因此就留在了現場。之後才由會津的農民兵將首級給帶回去。
師從會津藩士黑河內兼規，據傳擁有免許皆傳（完全習得流派所有的技能並通過測試）等級的實力。
是文武雙全、容貌秀麗的美人姊妹中的姊姊，相當出名。但同時也具有「如果不能參與戰鬥，我寧願自盡」這種情感激昂的一面。

※2：賈瓦哈拉爾・尼赫魯，作為甘地的協力者致力推動印度獨立的政治家。成功獨立以後，他成為了印度的首任總理。

讓敵人和我方、主君與將兵都抱持尊敬的赤誠

爲王與將竭盡所能的忠臣英雄

既然要談論英雄，當然就不能不提那些對主君和祖國徹底盡忠奉獻的英雄人物們。

3世紀的中國三國時代，劉備的結義兄弟關羽曾一度成了劉備宿敵曹操［82頁］的俘虜。但曹操極其禮遇關羽，希望能將他納入麾下，不過都被關羽拒絕了。據說就在曹操與袁紹爭鬥的時候，關羽擊敗了敵軍大將顏良，並將他的首級作為感謝曹操禮遇的謝禮後便啟程返回劉備身邊。

11～13世紀，中國的宋朝一直飽受異民族侵略之苦。就在這個時候，南宋的將軍岳飛即使不斷被自己人扯後腿，也堅持要繼續抵抗金人的入侵，被譽為「救國英雄」。

此外，同樣是南宋時期的政治家文天祥在元軍入侵時被俘。皇帝忽必烈［17頁］親自勸降，希望他成為自己的臣子，但文天祥都視死如歸地拒絕了。

場景換到14世紀的日本，對後醍醐天皇貫徹忠義之道的楠木正成，亦可讚許為忠臣的借鏡。

就連敵將都被其忠義所感動的**關羽**（？～219）

中國三國時代的蜀國武將。他在流浪時遇見了劉備，成為意氣相投的結義兄弟。在那之後，他在劉備麾下立下了許許多多的戰功，對蜀國的建立做出了相當大的貢獻。他曾在200年時一度成為曹操的俘虜，之後負責鎮守荊州的重責大任。219年，關羽在曹操與孫權兩軍的夾擊下戰敗，最後被處刑。

留有相當氣派的長鬍子，據說諸葛亮[58頁]稱他為「髯大人」。在小說《三國演義》中則有了「美髯公」這個美稱。
擁有超群的武藝，同時具備愛讀《春秋左氏傳》的涵養。據說還能夠背誦內文。
根據小說《三國演義》中的描寫，關羽身高9尺（約216cm）、鬍子長達2尺（約48cm），還有一張「面如重棗」的紅臉，手持重達82斤（約18kg）、名為青龍偃月刀的長柄刀，騎著名馬赤兔。
青龍偃月刀

中國歷史的「忠義象徵」岳飛（1103～1142）

南宋初期的武將。出身於貧困的農家，當金人入侵的時候，他便加入了在各地興起的義勇軍。之後屢屢建立軍功，成為宋朝軍隊的核心人物。只不過，提倡對金人徹底抗戰的岳飛，與主張和平論的宰相秦檜相互對立，最後被冠上莫須有的罪名逮捕，死於獄中。據說當時韓世忠[27頁]曾對治罪岳飛一事提出異議。

岳王廟

後世在杭州市附近建立了岳王廟，時至今日仍被奉為國民英雄崇拜。廟內有岳飛像坐鎮其中。

背後刺了「盡忠報國」4個字。

讓皇帝都對處刑遲疑的人才文天祥（1236～1283）

南宋末期的政治家。1276年，元軍進逼南宋的首都臨安，文天祥率領1萬名義勇軍抵抗，結果戰敗被俘。不過，後來他成功逃脫，再次集結宋的殘兵於各地與元軍對抗。然而他再度被打敗，又一次成了俘虜。在獄中關押3年後，不願投降的文天祥最後被處死。

被俘時曾想服毒自盡，但沒有成功，元朝皇帝忽必烈還極力勸他為自己效忠。忽必烈惜才，因此文天祥直到被處刑之前整整被關了3年，但是他直到最後依舊堅決不降。據說行刑之前，文天祥還朝著南方（兩宋首都方位）跪拜後才從容赴義。

日本屈指可數的忠臣楠木正成（1294～1336）

鎌倉末期至南北朝初期的武將。1331年，他響應後醍醐天皇的號召而起兵，對打倒鎌倉幕府做出了重大的貢獻。倒幕成功後，後醍醐天皇開啟了建武新政，楠木正成被指派為河內、和泉[※1]守護。1336年，他與率領大軍從九州攻來的足利尊氏[84頁]交戰，於湊川之戰戰敗後自盡。

被譽為日本史上最強的軍事天才之一，亦獲得「三德兼備」、「多聞天王的化身」、「日本開國以來的名將」等讚譽。足利尊氏於湊川之戰發生的前一年起兵反抗後醍醐天皇時，楠木正成曾成功將他擊敗、逼迫足利尊氏退往九州。

為了倒幕而舉兵、據守在千早城[※2]的時候，即使被幕府的大軍給包圍，他依舊籌劃游擊戰與之抵抗，長時間拖住了幕府軍的攻勢。

※1：現今的大阪府周邊。｜※2：千早城是楠木正成於現今的大阪府南河內郡修築的城池。因為周圍都被絕壁給圍繞，是一座堪稱久攻不下的城池。

面對強大的對手也要奮勇迎戰

反骨的英雄①

有幾位反骨的女王，即使面臨了與大國互相對峙的局面，卻依舊一步都不退讓。

1世紀的時候，愛西尼的女王布狄卡整合了凱爾特人部族，起兵對抗奪走自己國家的羅馬帝國。雖然最後羅馬帝國鎮壓了這場反抗行動，但相傳布狄卡的軍勢奮戰到最後一刻，殺了數萬名羅馬人。

時間來到3世紀，商隊都市國家帕米拉的芝諾比婭女王也是挺身而出、對抗強大羅馬帝國的其中一位英傑。她的勢力曾一度支配廣大的領土，並稱其子為「東方的統治者」。但最終還是敗給羅馬軍，成了一名俘虜。

格蕾絲・奧馬利是16世紀愛爾蘭的海盜女王。她在愛爾蘭周邊的海域襲擊商船，英格蘭對她這股勢力也感到相當苦惱。但這位女傑後來卻直接與英格蘭女王伊莉莎白一世［142頁］見面會談，並取得了對方的信任。

面對羅馬也毫無畏懼的布狄卡（？～60）

愛西尼部族的女王。她的丈夫普拉蘇塔古斯國王過世後，羅馬帝國便趁隙奪走了他們的國家，這導致布狄卡於60年起兵反抗。相傳因為她的攻勢，不僅有數萬名羅馬人被殺，當時由羅馬帝國支配的倫蒂尼恩（現今的倫敦）甚至化為了塵土。布狄卡的猛攻據說就連羅馬皇帝尼祿[※1]都一度考慮要撤軍。然而，這場抗爭最後還是被鎮壓了，布狄卡也選擇服毒自盡。

身材高挑，一頭紅髮長及腰部以下，還擁有粗曠的聲線與銳利的眼神。

布狄卡這個名字的意義是「戰鬥女王」。

進入19世紀後，據說在英國東部的林肯郡曾多次出現目擊布狄卡的幽靈駕駛馬戰車[※2]飛馳而過的紀錄。

※1：尼祿是羅馬帝國的第五代皇帝。起初施行善政，但後來逐漸變得荒腔走板，出現了迫害基督徒等舉止。｜※2：Chariot。由2匹馬拉動的單人座二輪戰車。除了作為領頭之外，還被用於狩獵或賽車等場合[144頁]。

燃起野心的女王**芝諾比婭**（240左右～274以後）

商隊都市國家帕米拉的女王。帕米拉原本是羅馬帝國的從屬國，在羅馬與波斯薩珊王朝對立時趁隙獨立，將敘利亞、小亞細亞、美索不達米亞、埃及的一部分納入掌控。但後來在272年與羅馬皇帝奧勒良[43頁]的軍勢交戰後落敗，芝諾比婭也因此被俘。關於她後來的命運也流傳著許多不同的說法。

帕米拉淪陷後，她被帶往羅馬，據說還在凱旋典禮上被帶著在羅馬市內遊街。至於她之後就過世了，還是獲得禮遇、在羅馬度過優雅的晚年生活，這點倒是沒有定見。

世人說她擁有美貌，還擅長出謀劃策。另外她的騎術也很優秀，被稱為「戰士女王」。

也有說法指出她在據守城池失敗被捕後，曾派出部下請求饒命。

能說埃及語、拉丁語、希臘語、敘利亞語、阿拉伯語，在學問方面也很出色。

與女王議論的海盜女王**格蕾絲・奧馬利**（1530左右～1603左右）

愛爾蘭西部的名門領主之女。在父親過世後繼承了他的船舶與土地，開始致力於交易與海盜活動。但後來英格蘭的管控日漸增強，格蕾絲・奧馬利便在1593年直接寫信給英格蘭女王伊莉莎白一世，請求與其見面會談。在那之後，她便在臣服於英格蘭的情況下繼續指揮海盜活動，最後與女王在同一年過世。

年輕時，為了讓父親允許她操控船隻，便將頭髮剪得跟男孩一樣短。

據說她和伊莉莎白一世的會談是用拉丁語進行的。

相傳格蕾絲・奧馬利在經過這場會談後贏得了女王的信賴。只要不與英格蘭為敵，往後她被允許可以自由進行海盜活動。

反骨的英雄②

即使力不從心，也不能放棄追逐理想

即使力抗強大的權力、帶動了抗爭，最後卻依舊難敵對手、不幸落得被殘忍處死的下場。這樣的英雄也不容忽視。

在1世紀時，高盧這塊土地還是處於羅馬的支配下。當地部族的有力人士維欽托利登高一呼、集結了高盧的人們展開抗爭行動。這股勢力一度讓羅馬軍傷透了腦筋，但最後還是敗在凱撒〔112頁〕所指揮的羅馬軍勢手下。維欽托利因此被處以死刑。

10世紀的時候，日本的關東武士平將門自稱「新皇」，打算在關東開創獨立王國。然而不到兩個月後，他就被朝廷的討伐軍擊敗，戰死後被梟首示眾。

時間來到13～14世紀，當時的蘇格蘭仍從屬於英格蘭王國。這時出身平民家庭的威廉・華勒斯站出來領導群眾與英軍開戰。雖然曾經一度將英軍趕出蘇格蘭，但卻被英格蘭國王愛德華一世〔81頁〕給打敗，威廉・華勒斯最後被處以絞刑。

法國最初的英雄
維欽托利（前72左右～前46）

高盧（現今的法國）阿維爾尼族的領袖。他在紀元前52年集結了其他部族，共同對抗羅馬軍的尤利烏斯・凱撒。雖然維欽托利屢屢對羅馬軍造成重大打擊、還曾將凱撒逼入了絕境，但最後還是在阿萊西亞之戰吃了大敗仗，因此投降。紀元前46年，他在凱撒的凱旋儀式結束後被處決。

他是凱爾特人的英雄，也被稱為「法國最初的英雄」。擁有優秀的人格，作為軍人和政治家的評價也很高。

投降的時候，維欽托利騎著馬出現在凱撒的面前，並在其周圍繞了數圈之後，將武器扔在凱撒的腳邊，就此投降。

即便只剩頭顱也沒有喪失野心的**平將門**（903？～940）

平安時代中期的武將，以下總國（現今的千葉縣北部）為據點，但後來以族內的領地爭端為契機、擴大了勢力。他於939年起兵，意圖支配關東的土地並脫離朝廷的統治，人稱「平將門之亂」。平將門陸續攻陷常陸國、上野國、下野國[※]的國府，接著將王城定於下總國，自稱「新皇」。不過，後來被朝廷派出的平貞盛與藤原秀鄉打敗，平將門戰死沙場。在那之後，他被砍下的首級被送往京都示眾。

傳說擺在京都示眾的將門首級後來飛至關東後落下。在現今東京的大手町一處據稱是首級落地處的地方還留有平將門的首塚。1309年，平將門也成為現今東京神田明神的祭神之一。

據說對手鎖定了平將門讓絕大多數召集的將士歸國的時機進攻，在最前線奮戰的平將門被流箭射中額頭而陣亡。

相傳平將門準備了容貌身形都很相似的7人擔綱影武者。

平將門、菅原道真、崇德天皇被並稱為日本三大怨靈。

憑藉愛國心整合民眾的**威廉・華勒斯**（1270左右～1305）

他於1297年在蘇格蘭發起了對抗英格蘭王國的反抗運動，成為民眾的領導者。威廉・華勒斯組織了以平民和小規模地主構成的軍隊，將英軍趕出了蘇格蘭，甚至還進攻英格蘭的北部。他也因為這些功績被蘇格蘭國王封為騎士。然而到了隔年，英格蘭國王愛德華一世領軍來襲，威廉・華勒斯於福爾柯克之役戰敗，數年後被捕處死。

因為出身低微，所以貴族階級勢力對他沒什麼好感。

被移送到倫敦之後，威廉・華勒斯被視為反逆者，處以絞首刑。死後被摘除臟器、分裂遺體。但他的慘烈結局反而加劇了蘇格蘭的獨立意志，沒過多久後便實現了獨立的目標。

榮獲1996年第68屆奧斯卡金像獎5項大獎的《梅爾吉勃遜之英雄本色》，是由梅爾吉勃遜演出威廉・華勒斯一角。威廉・華勒斯時至今日依然在蘇格蘭受到英雄式的崇拜。現在前往愛丁堡城堡，還能看到他與羅伯特一世[29頁]的雕像矗立在城門的兩旁。

※：分別相當於現今的茨城縣、群馬縣、栃木縣等地。

在秦朝崩壞後一度手握霸權的「西楚霸王」

項羽（前232～前202）

在史上首度統一中國的秦朝始皇帝［32頁］過世的隔年、也就是紀元前209年，對於高壓統治萌生不滿的農民們蜂擁起義，史稱「陳勝、吳廣之亂」。呼應這股抗爭熱潮而舉兵的項羽，身上就繼承了過去被秦國消滅的楚國將軍血脈。

同一時期，農民出身的劉邦［88頁］也在此時起兵，但是初期掌握霸權的仍然是項羽。項羽滅了秦國之後，就在江南地區復興楚國。他立了楚義帝作為自己的傀儡，自稱「西楚霸王」，以長江下游的彭城為據點，手握實權。

不過，項羽最終還是殺害了對自己造成阻礙的楚義帝，成為漢王的劉邦也因此出兵，以弒君之罪的名目前往討伐項羽。以此為契機，由項羽對決劉邦的楚漢戰爭正式爆發。

掌握人心的劉邦逐漸在這場戰事中取得優勢。紀元前202年，劉邦在垓下之戰大敗楚軍，項羽最後於烏江之地自刎。

擁有異相、身懷怪力，於秦末登場的霸王

關於項羽的身體特徵在《史記》中留下了紀錄，讓他的奇特樣貌流傳到後世。

項羽是個身高接近190cm的魁梧大漢，據說還擁有能夠舉起巨大的鼎（一種青銅器）的怪力。除此之外，相傳他的眼睛有2個瞳孔。這種1隻眼睛出現2個瞳孔的「重瞳」，在古代的中國被認為是「貴人之相」。
身上流著楚國將軍家的血脈。年輕時的項羽對文字和劍術都不得要領，但對於學習兵法卻相當熱中。
烏騅
據說項羽擁有出類拔萃的戰鬥能力，可以獨自打倒數百名士兵。
項羽的愛馬是匹叫做烏騅的名馬，據說牠陪伴項羽直到主人走到人生的終點。

只輸過一次，卻就此殞落的無敵將才

其強悍與中國歷史中的三國時代英雄呂布[148頁]並稱雙璧。除此之外也相當擅長作戰指揮，生涯僅有一次在親自參戰的戰事中落敗，而這場垓下之戰也是他人生的最後一戰。紀元前202年，項羽暫時和劉邦締結了和議，但劉邦單方面毀約、從楚軍的背後展開攻擊。被逼到垓下這個地方的項羽和其麾下將士被漢的大軍圍繞，沒想到項羽竟然突破了包圍陣勢。一路被漢軍追到長江北岸的項羽，最後於烏江之地自刎而死。

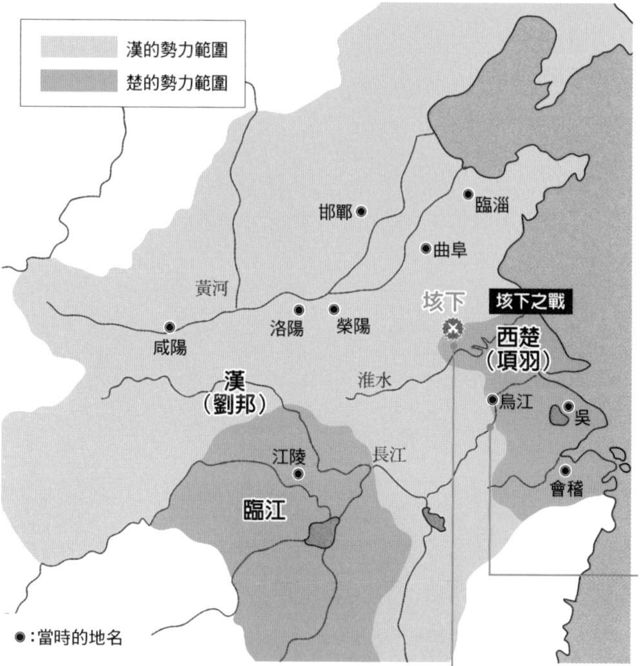
漢的勢力範圍
楚的勢力範圍
臨淄
邯鄲
曲阜
黃河
垓下
垓下之戰
洛陽
滎陽
咸陽
西楚
（項羽）
漢
（劉邦）
淮水
烏江
吳
江陵
長江
會稽
臨江
●：當時的地名

項羽到了垓下之戰的終局，宣言「此天之亡我，非戰之罪也」，之後帶著剩餘的將士對漢軍發動突擊，終於突破了敵人的包圍網。一行人來到烏江畔後，相傳項羽將愛馬烏騅交給當地的亭長，便再次上前斬殺追兵，最後選擇自刎。

項羽的軍隊在垓下之戰被漢的大軍包圍，入夜之後便會聽到周圍有人唱起故鄉楚國的歌謠。項羽認為這代表楚國的人們已經紛紛歸順漢軍了，因此體認到自己終將落敗。從這個故事也發展出表示處於孤立無援狀態的知名成語「四面楚歌」。

虞美人

陷入四面楚歌局面的項羽對自己的死已有所覺悟，於是將這首離別詩（垓下之歌）贈與陪伴自己上戰場的愛人虞美人。相傳聽了這首詩歌的虞美人為了不要成為項羽的負擔而選擇自盡。還有傳說表示，當時從虞美人傷口流出的血讓地面長出了植物，後世稱其為虞美人草。

垓下之歌

力拔山兮氣蓋世。
時不利兮騅不逝。
騅不逝兮可奈何，
虞兮虞兮奈若何。

即使心中懷抱著大志，卻在途中遭逢挫折

夢想破滅的英雄

朝著遠大的目標前進，也發揮了自身的才能，但是卻在途中功敗垂成，導致美夢破滅。因此在歷史舞台上消逝的英雄們並不在少數。

4世紀的中國，是五胡十六國的時代。當時前秦的君主苻堅擴大了領土，統一了華北［※1］地區。不過，後來他在戰場上敗給以統一天下為目標的東晉，從此之後國內接連發生叛亂，最後被羌人俘虜遇害。

12世紀的日本平安末期，以仁王呼籲全國的源氏挺身而出打倒平家，武將木曾義仲也響應了這次的號召而出兵。他甚至一度占領京都，幾乎掌握了天下。然而卻因為軍紀渙散，失去了京都的民心，最後被源義經［141頁］和源範賴的軍隊擊敗，戰死沙場。

同樣是12世紀，英格蘭國王理查一世在十字軍遠征時與薩拉丁［36頁］交戰、還曾經成為神聖羅馬帝國的俘虜、之後還跟法蘭西王國開戰，在冒險與戰爭中度過每一天。只不過，正當與法蘭西王國的戰事處於優勢局面的時候，理查一世卻因為箭傷導致身亡。

夢想統一中華大地的**苻堅**（338～385）

他是氐族建立的國家前秦的第三代皇帝。於370年和376年分別滅了前燕與前涼，將華北地區納入手中。但是，後來因為383年與東晉的衝突，在淝水之戰敗北，這導致了原本支配下的諸多民族相繼反叛，國家版圖也因此瓦解。最後，苻堅被自己麾下的羌族武將姚萇[※2]擄獲後殺害。

傳說苻堅的外貌具備「兩手及膝、雙眼寄宿著紫色光芒」等異相。此外，他小時候也被人物鑑定家評價為「擁有霸王之相」。

被評為五胡[※3]諸國中的第一明君。提倡德治主義，將國家治理得很好。據說對於不同的民族也很寬容。

打倒因暴君行徑而廣為人知的前代君主苻生後，登上大位。

※1：意指中國淮河以北的地區。｜※2：羌族是居住在中國西北部的少數民族，出身羌族的武將姚萇後來建立了後秦。｜
※3：五胡指的是移居到中國周邊的匈奴、鮮卑、羯、氐、羌等5個非漢人民族。

將平家趕出都城的木曾義仲（1154～1184）

平安時代末期的武將，本名為源義仲，但是因為是在木曾（現今的長野縣西南部）山中長大的，所以也被稱為木曾義仲。1180年，以仁王下達了打倒平家的號令，他也是承接此令興兵討伐的一員。他在俱利伽羅峠之戰等戰事中擊敗平家軍隊，進入了京都。然而，因為他粗魯的言行舉止和渙散的軍紀招來京都人士的反感，甚至還和後白河法皇[※4]產生對立。之後因為後白河法皇的策劃，源賴朝派出源義經和源範賴討伐，木曾義仲於宇治川合戰落敗，於戰場上殞命。

是個留下「面貌清麗的美男」等紀錄的帥氣男子，但也有說法指出他是個在鄉下長大、舉止粗魯的人。
鬼葦毛
相傳他在俱利伽羅峠讓角上綁著火把的一大群牛衝向平家的軍隊（火牛計），獲得了豐碩的戰果。不過這應該是以《史記》記載內容為根源所創作的傳說。
相傳愛妾巴御前[41頁]會與他一起上陣作戰。

比起寶座還更喜愛戰地的理查一世（1157～1199）

英格蘭王國的國王。他曾指揮1189年的第三次十字軍[※5]遠征，和埃及的英雄薩拉丁相互抗衡，贏得了「獅心王」的稱號。在結束十字軍遠征的歸途中，他不幸被神聖羅馬帝國皇帝亨利六世俘虜。這時，法蘭西王國的腓力二世[87頁]趁隙進攻英國在歐洲大陸的領地，後來被釋放的理查一世便向法蘭西開戰。結果就在1199年的戰事中，理查一世的肩膀被箭矢貫穿，後來因為傷口惡化而死在戰場上。

成為俘虜的理查一世被幽禁在奧地利的杜倫斯坦城堡。據說，當時找不到國王下落的忠臣扮成吟遊詩人巡遊諸國。等到他來到杜倫斯坦城堡、並且唱起國王喜愛的詩歌後，就因為聽到有人唱起同樣的詩歌，才因此得知了國王的所在地。
雖然是英格蘭的國王，但是自幼便學習法語，所以幾乎不說英語。此外在他在位的10年間，待在英格蘭的時間僅僅只有6個月而已，其餘的時間幾乎都在外征戰。
在法蘭西王國的諾曼第地區，有一處有蜿蜒的塞納河流經、彎曲部高度高達90m的斷崖，加亞爾城堡就坐落於此。這是彙集了當時的精粹築城技術、由理查一世下令建造的名城。
據說當時的伊斯蘭信徒在訓斥小孩的時候會這麼威脅：「我要帶理查一世來囉！」這是來自於十字軍遠征的時候，理查一世在阿克殺害了2700名俘虜等殘忍行徑讓眾人感到畏懼的關係。

※4：後白河法皇在退位之後有很長一段時間都施行院政，在源平爭戰的幕後暗中活躍。｜※5：第三次十字軍是為了奪回耶路撒冷，讓英法德三國君主都參戰的十字軍行動。不過最後他們都被薩拉丁擊退，沒有取回聖地。

英雄們的花絮②

更換主君後出人頭地的英雄

歷史上有終其一生都侍奉同一位主君、貫徹忠節之道的英雄，另一方面，也存在以更換主君為契機、藉此飛黃騰達的英雄。

穆罕默德於7世紀創立了伊斯蘭教，它不光是作為社會共同體發揮機能，同時也是一個軍事組織。哈立德・本・瓦利德（592～642）起初是與伊斯蘭教共同體對立的麥加勢力戰士，他曾多次擊退伊斯蘭軍，甚至還讓穆罕默德負傷。

不過，在麥加勢力與伊斯蘭軍達成和解之後，哈立德・本・瓦利德也改信伊斯蘭教。從此以後，他便擔任伊斯蘭軍的總司令官，致力於擴大勢力，並於636年的雅穆克戰役打敗東羅馬帝國軍。基於這些功績，他也被授予「阿拉之劍」這個稱號。

侍奉穆罕默德的名將哈立德（592～642）

16世紀時，有個名為海雷丁・巴巴羅薩（1475～1546）的伊斯蘭海盜橫行於地中海一帶。

起初他和突尼斯的蘇丹締結合作關係，建立了獨立勢力，但之後又在1516年向鄂圖曼帝國的塞利姆一世獻上阿爾及利亞的城塞和奴隸，成為其臣子。

後來，海雷丁・巴巴羅薩當上了鄂圖曼帝國的海軍提督，接連征伐愛琴海的島嶼。他率領鄂圖曼帝國艦隊，在1538年與西班牙（神聖羅馬帝國）、羅馬教皇、威尼斯共和國組成的海軍聯軍交戰的普雷韋扎海戰中獲得勝利，自此之後，鄂圖曼帝國一直到18世紀為止都持續握有東地中海的霸權。

侍奉鄂圖曼帝國的海盜巴巴羅薩（1475～1546）

談到日本史上因為更換侍奉的主君而往前邁進一大步的人物，就不能不提戰國時代的武將藤堂高虎（1556～1630）了。

雖然在那個時代，改變自己侍奉的對象並不是什麼罕見的事情，可是藤堂高虎竟然換了7次之多。一開始是侍奉淺井長政，但是在淺井家滅亡後，他又陸續轉投阿閉貞征、磯野員昌、織田信澄、羽柴秀長等主家。他在侍奉豐臣秀吉之弟秀長之後，於豐臣政權的旗下出人頭地，後來也躍升為大名。

然而，他在秀吉過世後接近德川家康，後來更是改奉家康為主君。他也在關原之戰時大為活躍，因此在增封的情況下以外樣大名身分被轉封到伊勢這個要衝，成為伊勢津藩的初代藩主。與此同時，藤堂高虎也是個構思出層塔式天守、聲名遠播的築城名人。

發揮多樣化的技能與出色處世之道的藤堂高虎（1556～1630）

3章

掀起歷史長河波瀾的英雄

說到特異的功績，如果其影響力越大的話，因應時代或立場的差異，世人的見解也會有所不同。本章要介紹的，就是獲得這類後世評價的英雄們。例如被譽為時代的革命家、卻也被稱為殘暴虐殺者的織田信長，或者是身為天才軍事家的同時、還將整個歐洲捲入戰亂之中的拿破崙等，就是其中的代表性人物。

一躍攀上皇帝大位的法國「英雄」

拿破崙・波拿巴（１７６９〜１８２１）

拿破崙在與奧地利的戰爭中擴大了領土，支持度也因此往上攀升，之後於１７９９年樹立了軍事獨裁政權。接下來，他開始對歐洲各國發動侵略戰爭，自己也即位成為皇帝。

皇帝拿破崙以柔軟的手段運用所有的軍隊，另一方面也能在戰場上迅速發現敵人的弱點，然後展開集中攻擊、讓對手戰線崩盤。他發揮這種天才般的用兵技能，一路攻無不克，讓整個歐洲幾乎都要成為他的囊中之物。只不過，後來他先是在特拉法加海戰敗北，又受挫於英國的圍堵，接著更是在１８１２年的俄羅斯遠征行動中吞下大敗仗，這導致他旗下的戰力素質急速地下滑。結果，他敗於普魯士王國、奧地利、俄羅斯等聯軍之手，最後被放逐到厄爾巴島。

在那之後，拿破崙一度逃出厄爾巴島，再次登上皇位。但是，這次他再次於滑鐵盧戰役被英國、普魯士王國等聯軍擊敗，最後被流放聖赫勒拿島［※１］，並於此地走完他人生的最後一哩路。

被處以流放之刑的皇帝，最後的結局是被毒殺!?

拿破崙出生於科西嘉島的貧窮貴族之家。他經歷了法國大革命，以砲兵軍官的身分打響名號，後來也晉升軍隊的司令官，為其日後的獨裁政權之路開拓了方向。

拿破崙即位皇帝的時候，並不是經由羅馬教皇之手，而是自己拿起皇冠戴上的。這件事不僅非常有名，而且更是史無前例。這段過程也象徵了他靠著自己的力量登上了巔峰。

據說拿破崙每天平均只睡3個小時，是個短眠者。此外，他吃東西的速度也很快，午餐只要10分鐘、晚餐也只花20分鐘。

根據官方說法，拿破崙的死因是胃癌。然而，關於他其實是死於砷中毒的說法依舊不絕於耳、根深蒂固。

從一介無名軍人一路登上皇帝的寶座、支配歐洲這塊土地的拿破崙，相傳曾留下「我的字典裡沒有不可能這個詞」這樣的名言。但是他究竟有沒有說過這句話，其實也存在很多種看法，也有人認為是後世的創作。

拿破崙與最初的保存食

為了長期遠征時的軍糧所煩惱的拿破崙，因而對外募集解決問題的好點子。這時有個食品加工業者尼古拉・阿佩爾發想了一個方法，就是將食物裝入玻璃瓶後加熱殺菌處理。這就是現今大家所熟悉的瓶罐裝食品的開端。

※1：聖赫勒拿島是個位於南大西洋、距離非洲西南海岸約1840km的汪洋上的火山島。這座與世隔絕的孤島是英國的領地。

拿破崙的功與罪

拿破崙於1840年頒布的《法國民法典》（拿破崙法典）明定法律之下的平等、信仰與勞動的自由、絕對的個人所有權以及契約的自由等項目，成為之後近代法典的範本。另外，他創設了國民軍，還有將步兵、騎兵、砲兵整合運用的三兵戰術、重視補給等方針，都對後世的軍事領域帶來莫大的影響。另一方面，據說因為拿破崙發動戰爭而死去的人總計超過了200萬人。

拿破崙很喜歡藝術家賈克-路易・大衛為他畫的《跨越阿爾卑斯山聖伯納隘道的拿破崙》這幅畫，不僅擁有好幾幅複製品，還活用在自己的宣傳活動之中。

音樂家貝多芬起初認為拿破崙乃是民眾理想中的領導者，所以創作了讚揚他的第三交響曲。但是，據說後來他對拿破崙即位皇帝一事大感失望，所以撕破了寫有給拿破崙的獻詞的樂譜封面。這首交響曲，就是之後被稱為《英雄》的作品。

拿破崙騎著一匹阿拉伯種的灰毛馬，名為馬倫哥。不過，實際上他在翻越阿爾卑斯山的時候騎的並不是馬，而是驢子。

拿破崙戰爭與其最大的版圖

1796年至1815年之間，因拿破崙而發起的一連串戰爭，就被統稱為拿破崙戰爭。起初是蘊含強烈的「避免外國干涉、守護法國革命的革命防衛戰爭」這層意義，但隨著時間過去也逐漸發展成「為了擴大革命理念」而發動的戰爭，之後更演變為侵略戰爭。1812年，在莫斯科遠征行動失敗之後，就轉變為防衛戰爭。

1812年5月，因為俄羅斯仍在持續與英國進行貿易，作為懲罰，拿破崙因此踏上對俄羅斯的遠征之路。俄羅斯方面先是避戰，暫時撤退，然後等到冬季到來後就展開了反攻。因為嚴冬的酷寒與食物不足等問題影響甚深，讓拿破崙的軍隊付出了龐大的犧牲，最後遠征就以失敗告終[※2]。

逃離厄爾巴島的拿破崙再次回到皇帝的寶座。試圖東山再起的他，在1815年6月於滑鐵盧和英國、普魯士王國等聯軍發生激烈的衝突。可是，領導英軍的威靈頓公爵[127頁]擊敗了他，讓拿破崙的大復活僅僅經過「百日天下」就宣告結束。

1805年12月，奧地利的法蘭茲一世和俄羅斯的亞歷山大一世向拿破崙宣戰而爆發的會戰。這場戰役導致第三次反法同盟的瓦解。獲得壓倒性勝利的拿破崙，於隔年將西南的德意志諸多邦國合併組織成萊茵邦聯，這也讓神聖羅馬帝國就此解體。

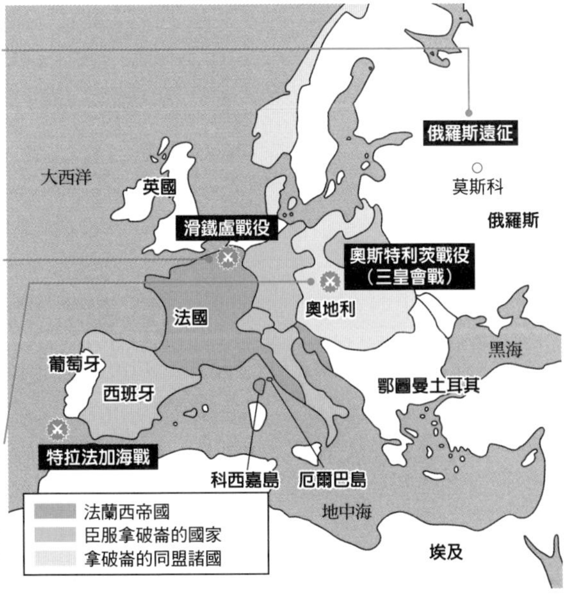
俄羅斯遠征
大西洋
英國
莫斯科
俄羅斯
滑鐵盧戰役
奧斯特利茨戰役（三皇會戰）
法國
奧地利
黑海
葡萄牙
西班牙
鄂圖曼土耳其
特拉法加海戰
科西嘉島
厄爾巴島
地中海
埃及
法蘭西帝國
臣服拿破崙的國家
拿破崙的同盟諸國

※2：這場俄羅斯遠征集結了超過50萬人的大軍進攻，但最後平安生還的法軍就只有2萬人而已。這段過程也讓拿破崙在國內外被人冠上「食人鬼」、「踐踏生命之人」、「科西嘉的惡魔」等惡名。

勝利者的明君，同時也是被支配者的威脅

征服者中的英雄

在那些擴張領土的英雄裡面，有一些人以其壓倒性的強悍與苛刻的戰後處置方式，讓他們在被征服者的歷史中作為恐懼的對象留下了記憶。

紀元前6世紀，新巴比倫帝國君主尼布甲尼撒二世消滅了猶大王國［※1］，把大量的猶太人帶往首都巴比倫。這個歷史事件被稱為「巴比倫囚虜」，在舊約聖經裡面也有留下相關記載。

歐洲的人們傳統上就對來自東方世界的征服者抱有強烈的恐懼感。5世紀時，出現在潘諾尼亞平原的匈人之王阿提拉入侵了東羅馬、西羅馬帝國的領地，獲取了廣大的領土。此外，15世紀的鄂圖曼帝國之主穆罕默德二世藉由進攻君士坦丁堡、征服了東羅馬帝國等軍事行動擴展了勢力範圍，也因此被世人稱為「征服者」。

在歐洲境內其實也存在著征服者。於13世紀從威爾斯一路攻打到蘇格蘭的英格蘭國王愛德華一世，就是最貼切的例子。

在聖經裡也有登場的**尼布甲尼撒二世**（前642～前562）

新巴比倫王國之主。紀元前598年猶大王國歸順，但猶太人還是持續反抗，結果他在紀元前587年攻陷耶路撒冷，並且把大量的猶太人俘虜回自己國家的首都巴比倫。這段對猶太人而言極其悲痛的歷史，被記錄在舊約聖經的《但以理書》和《以西結書》之中。然而，尼布甲尼撒二世也是個在國內整備了灌溉設施、提高了農業生產力，而且還振興商業交易，讓新巴比倫王國更加繁榮的賢君。

這段猶太人被俘虜帶走的事件在舊約聖經裡面也有記載，被稱為「巴比倫囚虜」，是一段悲戚苦難的歷史。其中也提到尼布甲尼撒二世在那之後的7年間心神喪失，變得像是動物一樣，甚至還被逐出了國家。

名字在阿卡德語中的寫法是「Nabû-kudurri-uṣur」，意思是「納布神啊，請守護我最初的孩子」。納布是神明馬爾杜克之子，同時也是新巴比倫王國的智慧之神。

巴別塔的原型

尼布甲尼撒二世在首都巴比倫建立了以高達91m的高塔為中心、極為壯闊的馬爾杜克神殿。據說這也成為了巴別塔[※2]的原型範本。

※1：紀元前11世紀建國的以色列民族國家。知名領導者有大衛王［118頁］、所羅門王等人物。｜※2：作為人類傲慢的象徵於聖經登場的高塔。相傳人類建塔意圖通往天界，因而招來神的憤怒，於是便讓人類說著不同的語言，讓眾人陷入混亂。

發動堪稱神罰般猛攻的**阿提拉**（406左右～453）

匈人族的王者。以潘諾尼亞（現今的匈牙利）為中心，支配了裡海到萊茵河一帶的廣大地域。經常入侵東羅馬帝國，要求對方進貢。451年，他也進攻了西羅馬帝國的領土，但也在同一年於沙隆戰役中敗給了由西羅馬帝國將軍埃提烏斯[51頁]統率的西羅馬·西哥德聯軍。453年，他在結婚典禮的隔天意外猝逝。

相傳他的外貌是個頭小但肌肉發達，頭較大、臉色蠟黃。還有著扁鼻子、膚色微黑、雙眼斜視。
歐洲的基督徒對阿提拉的侵略相當畏懼，稱之為「神之災」、「上帝之鞭」、「The Great Ride」等等。

降伏東羅馬帝國的**穆罕默德二世**（1432～1481）

鄂圖曼帝國的第七代蘇丹（君主）。1453年，他包圍了東羅馬帝國（拜占庭帝國）的首都君士坦丁堡，並且成功攻陷。這導致了東羅馬帝國的滅亡，穆罕默德二世也在這之後將君士坦丁堡改名為伊斯坦堡，將其定為鄂圖曼帝國的首都。日後，把疆域擴展至巴爾幹半島、黑海北岸等地的穆罕默德二世也獲得了「征服者」的稱號。

他對文藝復興這項異國文化潮流很感興趣，留下了從義大利找來畫家真蒂萊·貝利尼幫自己畫肖像畫的逸聞。
對於伊斯蘭教以外的信徒，只要遵守納貢的義務，穆罕默德二世也會認可其信仰的自由。

對蘇格蘭揮下鐵鎚的**愛德華一世**（1239～1307）

英格蘭王國金雀花王朝的國王。以統一大不列顛島為目標，在1277年執行遠征威爾斯的計畫，並成功征服。即使1282年發生了諸部族的叛亂也立刻將其鎮壓，並任命長男為威爾斯親王，實行完全支配[※3]。在那之後，他也想繼續征服蘇格蘭，但是遭遇了威廉·華勒斯[71頁]率領的群眾抵抗，結果並不順利。

現在依舊是英國皇太子所屬稱號的「威爾斯親王」，是愛德華一世授予在威爾斯出生的愛德華王子的頭銜。
他以英格蘭王國之主的身分改革行政與司法，奠定了日後英國的基礎，被視為明君，也被譽為「英格蘭的查士丁尼[114頁]」。
據說身高有190cm，也因此得到了「長腿愛德華」等稱呼。

※3：愛德華一世為了支配威爾斯，運用最新的築城技術興建了康威城堡、博馬里斯城堡、卡納芬城堡、哈萊克城堡，它們也以「格溫內斯郡愛德華國王的城堡和城牆」之名被登錄為世界遺產。

收拾東漢的混亂，構築三國第一大國・魏國基礎的稀世「奸雄」

曹操（155～220）

2世紀的中國正值東漢末期，身為宦官養子之子的曹操因為鎮壓黃巾之亂〔※1〕建立了功動。之後董卓〔※2〕把持了朝廷大權，他又作為討董聯合軍的一員嶄露了頭角。

到後來，東漢的混亂進入了藥石罔效的局勢，天下形成了群雄割據狀態，這時曹操擁立了東漢最後的皇帝（獻帝），取得了天子監護人的立場。接下來，他在２００年爆發的官渡之戰以奇襲戰法大破由袁紹〔※3〕率領、比自己多上10倍的大軍，幾乎平定了華北地區。走到這一步，曹操也將統一中華大地視為目標，轉向了南方。但是在２０８年，他卻在赤壁之戰敗給孫權與劉備勢力組成的聯軍。這場大敗也促成了勢力的均衡，讓天下逐步進入三國時代。

雖然曹操一直致力於增強國力，但是他沒有盼到統一的那天，於２２０年過世。後來曹操之子曹丕迫使獻帝讓位，登上了皇帝寶座、建立魏國。日後，承襲魏國的晉完成了統一中國的目標，結束了三國時代。

也曾留下正統的詩作，貨真價實的「文武雙全」

據說年輕時的曹操不僅富有機智，還擁有強烈的俠義心腸，但是他沒有正當工作，整天遊手好閒。不過，擅長品評人物的許劭給予他「治世之能臣，亂世之奸雄」的評價。日後，曹操也真的踏上了如同這句話所形容的人生之路。

小說《三國演義》把曹操描繪成一個無情的惡人角色，但實際上他曾分發農具給因為戰亂而流離失所的人民，並且讓大家定居。此外還有整備租稅制度、基於能力主義來錄用人才、完善刑法制度等，推動了各式各樣的改革。

曹操作為武將也相當出色，但據說他在戰場時也是書籍不離手。此外，他也擁有極高的詩人才華，創作了《短歌行》等諸多流傳於後世的詩作。順帶一提，他的兒子曹丕和曹植也是極富盛名的詩人，父子三人作為那個時代的代表性文學家，被合稱為「三曹」。

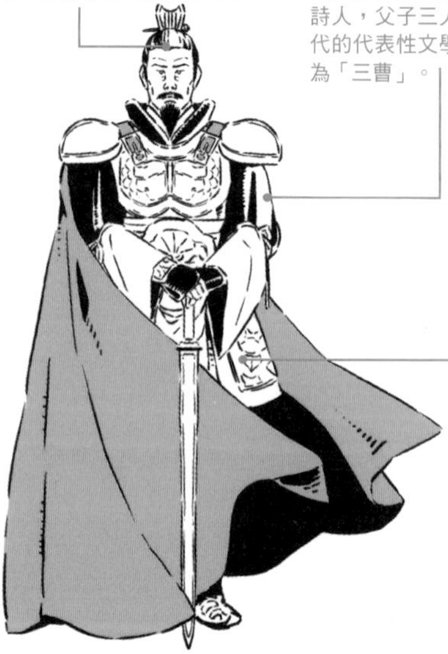

根據記載，曹操的身高大概是155cm左右，而且似乎是個很在意自己外貌的人。相傳接見匈奴使者的時候，他曾和部下交換衣物，讓部下扮成自己、他則假扮部下站到旁邊。後來有人向匈奴使者問起對曹操的感想，使者竟然給出了「比起曹操，一旁的侍從還更像是英雄」的評語。

樸實無華的墓

2008年發現了被認為是屬於曹操的墓。據說曹操留下了「以平時的服裝入殮。不需金、玉、珍奇寶物作為陪葬品」的遺言。從這個墓實際出土的物品確實也都很樸素。

※1：東漢末期，由太平道的教祖張角發起的農民叛亂。因為信徒都將黃色頭巾綁在額頭上作為識別標記，因此得名。

※2：東漢末期的武將。他於漢靈帝過世後趁亂掌握了政治實權，擁立獻帝作為傀儡，於宮中施行暴政。

夢想統一中華世界的「奸雄」

於東漢末期的混亂時代登場的曹操，在黃巾之亂、董卓專政期間嶄露了頭角，後來擁立了漢獻帝。200年，他大破袁紹勢力，統一了華北地區。接下來，他意圖挑戰統一長江南側土地的目標，不過於208年的赤壁之戰大敗，擴張的野心因此受阻。

潼關之戰

211年，西涼的馬超與韓遂一同起兵往東邊開拔。曹操在潼關迎戰，並且透過對馬超等人使用離間計，使得西涼軍內部疑心生暗鬼，最後紛紛被擊破。馬超之父馬騰曾入朝在曹操身邊為官，後因馬超反叛而被殺害。

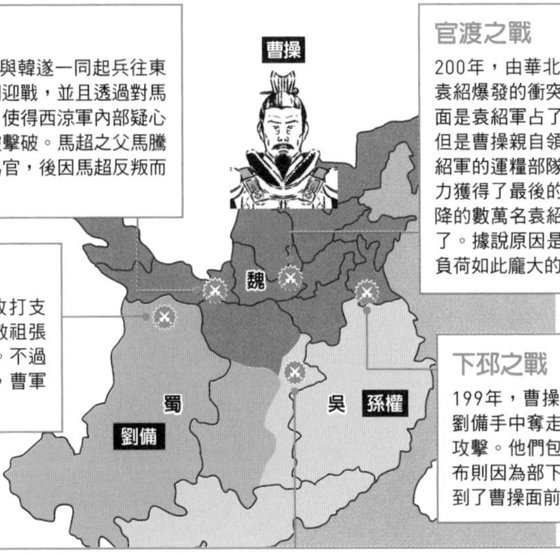

官渡之戰

200年，由華北兩大勢力曹操與袁紹爆發的衝突。雖然論兵力方面是袁紹軍占了壓倒性的優勢，但是曹操親自領軍成功突襲了袁紹軍的運糧部隊，這也讓曹操勢力獲得了最後的大勝。戰後，投降的數萬名袁紹軍都被曹操給殺了。據說原因是糧食不足，無法負荷如此龐大的兵力。

陽平關之戰

215年，曹操率兵攻打支配漢中的五斗米道教祖張魯，最後讓其降伏。不過劉備後來揮軍北上，曹軍落敗、失去了漢中。

下邳之戰

199年，曹操與劉備一起對從劉備手中奪走徐州的呂布發動攻擊。他們包圍了下邳城，呂布則因為部下叛變，最後被帶到了曹操面前，縊殺處死。

赤壁之戰

戰場位於長江的赤壁，由曹操對戰孫權&劉備聯軍的戰事。平定河北（黃河以北的遼闊區域）地區的曹操，在208年揮軍南攻，與力阻曹操勢力度過長江的孫權&劉備勢力展開了激戰。最後孫劉聯軍成功大破曹軍，迫使其撤退。

!
繼續深入了解

與曹操對峙的武將們

呂布 [148頁]

《三國演義》中登場的古今無雙英雄。他殺死董卓後，趁曹操遠征徐州時進攻其根據地濮陽，一度將曹操逼入困境，但是在曹操與劉備的合作下戰敗，最後被處刑。

關羽 [66頁]

劉備的部將。有個時期曾待在曹操麾下，後來於白馬之戰殺了袁紹軍大將顏良。在《三國演義》中描述他放走了於赤壁大敗的曹操，是相當知名、無人不曉的場面。

周瑜 [133頁]

與孫權的兄長孫策一同席捲江東的智將。當曹操發動南攻之際，在眾多投降派中力排眾議，主張抗戰。他擔任吳國的總司令官展開迎擊，最後於赤壁大破曹軍。

※3：字本初，東漢末期的武將。他在大將軍何進遇刺後消滅了亂政的宦官勢力，但因為董卓興起而發展受制。日後，他被推舉為討董聯軍的盟主，影響力也跟著高漲，之後更將河北四州納入支配。然而卻在官渡之戰敗給曹操，於失意中離世。

也是存在以武力奪取權力卻因此帶來和平的例子

被稱爲篡位者的英雄

14世紀有位名為足利尊氏的武將，他響應後醍醐天皇打倒鎌倉幕府的號召而舉兵協助，對於樹立建武新政府貢獻良多。然而，沒多久後他就和後醍醐天皇對立，憑藉武力將其趕出了京都。接下來由他開創的，就是室町幕府。

15世紀的中國，明朝的永樂帝（明成祖朱棣，當時為燕王）以武力奪走姪子建文帝［※1］的大權，坐上了皇帝的寶座。在永樂帝的治世下，明朝也迎來了全盛時期。

18世紀，土耳其系部族的領導人納迪爾沙起初的立場是協助薩法維王朝，逐漸掌握實權後開創了阿夫沙爾王朝。建構了從阿富汗延伸到北印度的廣大帝國。

他們都被世人稱為「篡位者」，也就是背叛君主的不忠之人，受到許許多多的批評和責難，但是有許多武士都站在足利尊氏這一邊，不管是永樂帝還是納迪爾沙日後也為領土帶來了安定。因此，他們應該也可以被譽為是歷史留名、不折不扣的真英雄吧。

擁有讓武士傾心魅力的足利尊氏（1305～1358）

室町幕府的初代將軍。原本是鎌倉幕府一方的武將，在後醍醐天皇於1331年發起興兵打倒鎌倉幕府的行動時，他起初是為幕府這邊而戰的。但是，他在途中轉投了倒幕勢力，最後成為建武新政的功臣。在那之後，他與後醍醐天皇對立，一度戰敗、撤退到九州地區，後來又於1336年擊敗楠木正成[67頁]後進駐京都，擁立光明天皇，開創了室町幕府。

足利尊氏也以藝術家身分聞名，留下了繪畫等作品。此外他很擅長雅樂中的笙，據說還曾在後醍醐天皇御前演出過。

開創室町幕府之後，內部分出了將軍足利尊氏，以及他掌握幕府行政實權的弟弟足利直義等派系，支持不同派系的勢力紛紛被捲入，最後竟演變成全國性的爭端。這就是所謂的「觀應擾亂」，最後由足利尊氏獲得勝利。

據說足利尊氏的個性寬容，是個會大方將戰功恩賞賜予麾下武將的人物。

過往提到足利尊氏，就會讓人想到那幅著名的扛刀騎馬武者畫像，但根據近年的研究已經得知可能是不同的人物。

※1：名朱允炆，明朝的第二代皇帝。16歲就即位，是個愛好學問的人物。

從兄長之子那裡奪走皇帝寶座的**永樂帝**（1360～1424）

名朱棣，明朝的第三代皇帝。他是開創大明的朱元璋[89頁]的四男，以燕王的身分治理北平（現今的北京）。日後朱棣逐漸跟建文帝、也就是自己的姪子產生對立。1399年，他起兵擊敗建文帝，是謂靖難之役，並於1402年即位皇帝。此後，永樂帝便將原本位於南京的首都移往自己的根據地北平。他對蒙古和越南發動遠征，建構出一個龐大的帝國。

掌握權力、當上皇帝之後，朱棣就開始繼續推動父親洪武帝朱元璋所開啟的皇帝專制政治。不過，他同時也將一些政治實務指派給宦官處理，這也成為了日後宦官政治的開端。

在朱元璋的孩子之中，永樂帝朱棣是他評價最好的一個。朱棣自幼就擁有很強的記憶力，據說只要讀過一次就不會忘記書中的內容。

伊朗史上最大的梟雄**納迪爾沙**（1688～1747）

伊朗阿夫沙爾王朝的創始者。擔任阿夫沙爾部族族長的納迪爾沙，起初的立場是協助受到阿富汗人壓迫的伊朗薩法維王朝[※2]，並為了該王朝的復興竭盡心力。只不過，他也因為大為活躍而將薩法維王朝的實權納為掌中之物。1736年，他迫使薩法維王朝的太美斯普二世退位，自己即位成沙阿（君主），開啟了阿夫沙爾王朝。在那之後，納迪爾沙將伊朗全土與阿富汗都納進勢力範圍，還經由進攻印度、占領蒙兀兒帝國首都德里等軍事行動擴張了領土。可是，他最後卻死於部下的暗殺，日後阿夫沙爾王朝也沒有維持太久便宣告終結。

納迪爾沙是個軍事天才，也被譽為「波斯的拿破崙」、「第二位亞歷山大大帝」。

相傳占領德里的時候，他虐殺了3萬人，還奪走了前代君主的王座「孔雀玉座」。

擄獲全世界掌權者的鑽石

「Koh-i-Noor」是在印度發現的鑽石，語源是波斯語的「光之山」。以納迪爾沙為首，這顆鑽石輾轉經過多位執政者之手，最後在19世紀時被獻給統治印度的英國維多利亞女王。重達105克拉，是當時全世界最大的鑽石。後來它被鑲嵌在伊莉莎白王太后的后冠上，現於倫敦塔展示。

※2：16世紀初期，由伊斯蘭教中的神祕主義教團——薩法維教團的領導者伊斯邁爾一世創建的王朝。當時支配現今的伊朗全地域。

在檯面下的非武力鬥爭中贏得勝利的人們

陰謀家中的英雄

所謂的政治權力，並不是光靠理想論就能獲得和維持的東西。這個世上還是存在即使被後世稱為「陰謀家」，也依然在自身堅信的道路上大步向前的英雄們。

12～13世紀的日本武將北條義時，強迫其擔任鎌倉幕府初代執權的父親時政退位隱居，自己就任了第二代執權。就這麼掌控幕府實際權力的義時，接著開始奮力削弱可能成為政敵的有力御家人勢力，確立了由北條家支配幕府的政治體制。

跟北條義時幾乎相同時代的法蘭西國王腓力二世，因為英格蘭國王約翰的無能，開始驅使各式各樣的謀略奪取了歐洲大陸這一邊的英格蘭領土。15世紀的義大利政治家切薩雷・波吉亞憑藉其父親乃是羅馬教皇的這層背景，用盡了暗殺或陰謀等權謀術數，擴大了羅馬教皇的領地。

以上這幾位都是徹底運用頭腦以達成自己的野心，不容小覷的英雄。

讓源氏將軍從舞台上消失的**北條義時**（1163～1224）

鎌倉幕府第二代執權。當他的父親北條時政作為執權掌控幕府權力的時候，他和姊姊北條政子[※1]聯手將父親趕出幕政核心，自己坐上了執權的位子。1213年，他消滅政敵和田義盛一族，完全將幕政納入掌中，建構了北條氏專制政權的基礎。1221年，後鳥羽上皇發兵倒幕，義時派遣大軍前往京都鎮壓了朝廷勢力。之後，他將後鳥羽、土御門、順德等3位上皇流放荒島，讓幕府的權力擴展至全國。

從源賴朝舉兵開始，義時便和父親一同於各地建立戰功。他被賴朝評價為「家臣之最」，深得信賴。可是，後來他謀殺了賴朝之子、也就是鎌倉幕府第二代將軍源賴家，而且關於三代將軍源實朝於鶴岡八幡宮被暗殺一事，幕後的主使者據說也是義時。

義時死於1224年、承久之亂被鎮壓後。因為是突然過世，所以人們懷疑其死因並不單純，甚至有說法認為可能是其繼室伊賀之方籌劃的毒殺。

※1：北條政子是鎌倉幕府初代將軍源賴朝的妻子。在賴朝死後，她支撐了鎌倉幕府初期的運作。政子在承久之亂前讓御家人們士氣大振的「賴朝公的恩義比山還高、比海還深」的一番演說也是日本史上相當知名的大事。

從內部瓦解敵國的腓力二世（1165～1223）

法蘭西王國卡佩王朝之主。當時，英格蘭正在擴張其在法蘭西國內的領地，這時腓力二世利用婚姻問題這個理由將英格蘭國王約翰[※2]傳喚到法庭。因為英格蘭國王在法蘭西的領土內算是形式上的法王家臣，有義務要到法庭出席。結果約翰拒絕，腓力二世因此宣告剝奪英格蘭在法蘭西國內的領地。憤怒的約翰在神聖羅馬帝國皇帝等幫助下攻入法蘭西王國，但是腓力二世贏下了1214年的布汶戰役，成功將法蘭西國內接近全部的英格蘭領地都拿了回來。

據說他禿頭，體格健壯。因為其立下的偉大功績，人們便承襲初代羅馬皇帝奧古斯都，給予他「尊嚴王（Auguste）」的稱號。此外，他還是個喜歡女人與葡萄酒的人物。

在巴黎的塞納河左岸，有個有巴黎大學等知名高等教育機關聚集的「拉丁區」。中世時期，賦予自治權給位於塞納河左岸的各家發展中學校的人，正是腓力二世。不僅構築了該地區發展的基礎，在文化方面的貢獻也相當可觀。

運用祕密毒藥排除礙事者的切薩雷・波吉亞（1475～1507）

義大利文藝復興時期的政治家。起初是要成為一名神職人員，但其父親以亞歷山大六世的身分成為羅馬教皇後，他便作為父親的特使在暗中活躍。他施展了形形色色的權謀術數，擴大了羅馬教皇的領地。除此之外，他還率領自己的傭兵部隊，也擴張了自己的領土。只不過，他在亞歷山大六世死後便失去了靠山，又因為跟新任教皇儒略二世對立，就此垮台。1507年，他於西班牙比亞納的一場戰事中戰死。

同時代的思想家馬基維利在其著作《君王論》中讚美不拘泥道德、合理達成目標的切薩雷乃是君主應有的風範。

相傳切薩雷是個有著灰色眼睛和橘紅色頭髮的美男子。

切薩雷等波吉亞家族的人會使用名為「坎特雷拉」的毒藥來排除政敵。雖然不清楚製作的方法，但也有一些研究者認為亞歷山大六世和切薩雷之所以會同時病倒，是因為他們自己不小心誤食了坎特雷拉。

※2：理查一世[75頁]的弟弟。金雀花王朝的第三代國王。因為出身時沒有獲得父親賜予的領地，因此被稱為「無地王」。因為在政務方面接連出現缺失，導致了國內諸侯的不滿，不得不簽署限制王權的《大憲章》。

被稱爲暴君的英雄

成就偉業的強硬手段有一天會成為惡行

作為王朝的建國者或擴大領土的霸王、在歷史上留下名號的同時，卻又擁有暴君的一面、施行虐殺或肅清等行動，這樣的人物確實存在。

紀元前3世紀的中國，農民出身的劉邦最後成為開創漢王朝的英雄。然而，他在奠定大業之後，內心也被猜忌給籠罩，開始一一清算有功的臣子。場景轉移到14世紀的中國，和劉邦一樣同為農民出身、建立明朝的洪武帝朱元璋（明太祖），也是在當上皇帝後化為虐殺者，接連肅清功臣，甚至連他們的親族都遭到牽連，有數萬人因此被處死。

除此之外，在16世紀的俄羅斯，以「雷帝」這個暱稱名震天下的皇帝伊凡四世達成了擴大俄羅斯領土的功業，但另一方面，他也一個個逮捕與自己的政策唱反調的貴族們，並將他們處刑、奪走其領地。到了晚年，甚至還引發了失控打死皇太子的事件。

他們以領導者之姿成就霸業，但同時也被猜疑心所困。可說是體現了英雄光與影的兩面吧。

從農民走向統一中華的**劉邦**（前256／247～前195）

漢高祖，西漢的初代皇帝。農民出身，從年輕時就浪跡各地，在始皇帝[32頁]死後，他響應陳勝、吳廣之亂而起兵。後來他與楚國的項羽展開龍爭虎鬥，最後贏得了勝利，統一了中國。他在紀元前202年開創了漢王朝，西漢與東漢[42頁]加起來共延續了400年之久。

在創立漢王朝之前，劉邦是個具有包容力、善於活用部下能力的人物，他也是因此才得以達成中國統一的大業。然而在王朝創立後，他的猜忌心也變得更加強烈，一一肅清了韓信[51頁]、彭越、英布等有功之臣。

據說劉邦有著高鼻梁和氣派的鬍子，也就是世間所稱的龍顏相之人。此外，相傳他的大腿上長有72這個吉數數量的痣。

傳說劉邦的父親在妻子懷孕的時候，曾夢見有條龍趴在妻子的身上，後來就生下了劉邦。

一躍成龍後疑心生暗鬼的**朱元璋**（1328～1398）

明朝初代皇帝。生於貧窮的務農人家，年輕時為求溫飽，還曾出家為僧。1351年爆發了名為紅巾軍的農民叛亂，他也參與其中、成為紅巾軍的武將。但後來朱元璋卻反過來攻伐紅巾軍，並在鎮壓亂事的時候擴大了自身勢力。1368年，他成為皇帝，開創了明朝，年號洪武。自此之後直到17世紀，明朝延續了300年的國祚。

當上皇帝的朱元璋，為了消除自己過去曾是貧困托缽僧的過去，於是禁止使用「光」、「禿」等會讓人聯想到僧侶的文字。如果不慎用了這些字，將會受到嚴懲。

朱元璋的猜疑心也隨著他登上大位而變本加厲，功臣也一一被他處刑。1380年，他懷疑心腹臣子胡惟庸想奪走自己的權力，因此逮捕了1萬5000人並處刑，史稱「胡惟庸案」。1390年，他又因為擔心部下的陰謀再起，又一次誅殺了數萬人。

關於朱元璋的肖像畫，傳承了嚴肅端正的面孔，以及相貌醜陋兩種版本。實在讓人難以想像是同一個人物，但據說後者更接近他真實的面貌。

激昂的恐怖感宛如「雷霆」的**伊凡四世（雷帝）**（1530～1584）

莫斯科大公，俄羅斯的沙皇。他於3歲時即位莫斯科大公、16歲時便自稱沙皇，登上皇位。成為皇帝的伊凡四世對外積極擴張領土，另一方面，他也抑制國內貴族的力量，並且強化農奴制度、構築了中央集權體制。他還組織了特轄軍這支親衛隊，只要是反對他的貴族都陸續遭到清算。如此嚴苛的個性，也讓他為人所恐懼、被冠上了「雷帝」之名。

伊凡四世經常手持帶鐵鉤的棍棒，凡是碰到不合己意的人就會用這根棍棒責罰。他在晚年時與皇太子爆發了口角，最後不幸地以這根棍棒打死了兒子。

1570年，因為懷疑諾夫哥羅德通敵，他派出特轄軍，殺了超過3萬名市民。

弒王者騎士**奧立佛・克倫威爾**（1599～1658）

英格蘭的政治家兼軍人，年輕時是個熱心的清教徒[※]。1642年，爆發了針對英國國教會的叛亂，也就是清教徒革命。奧立佛・克倫威爾指揮共和派的軍隊挽回了劣勢，後來他處死國王查理一世，英格蘭國家體制短時間內成為了共和政治。然而，在共和政治的議會掌握大權的奧立佛・克倫威爾，卻日漸變得獨裁專制。1649年，他親自率軍進攻有許多天主教徒居住的愛爾蘭，殘殺了許多包含普通平民在內的愛爾蘭人。

1658年因為罹患流行感冒而病逝的奧立佛・克倫威爾於王政復辟後被指為弒王的極惡之人。他的遺體被人從墓地挖出斬首，首級還示眾了很長一段時日。

※：意指英格蘭喀爾文派的新教徒[53頁]。

創造結束戰國時代契機的武將

織田信長（1534～1582）

織田信長誕生於尾張守護之家老旗下家臣的家系。他從年輕的時候就因為諸多奇特的行為舉止，被人們稱為「大傻瓜」。然而，日後他卻在桶狹間之戰發動奇襲、大破今川義元［※1］率領的大軍，經由這場戰事一舉名聞天下。

在那之後，他和松平元康（日後的德川家康［35頁］）結成同盟，開始為了統一天下而興兵。首先信長滅了美濃的齋藤家，並擁護無處可歸的前將軍足利義輝之弟足利義昭［※2］上洛，助他登上室町幕府將軍之位。但後來信長與義昭產生嫌疑，後者因此被放逐，這也導致室町幕府走入實質性的滅亡。

接著，信長又壓制畿內地區，派遣重臣率領大軍征伐各方。他也在1575年的長篠之戰擊垮宿敵武田家。隔年，居城安土城宣告落成。信長就這麼逐步建立獨立政權，距離統一天下已然不遠了。

只不過，最後他卻因為家臣明智光秀［※3］在1582年起兵謀反，在稱霸天下的途中就此殞落。

從大傻瓜變成以統一天下為目標的戰國時代英雄

繼承家督之前的織田信長，時常做些腰掛葫蘆、腳穿草鞋等奇裝異服的打扮，然後一邊吃著什麼、一邊在街上四處遊蕩，有許許多多奇特的行徑。因此，周圍的人都喊他「大傻瓜」。此外，據說信長甚至還曾在父親的喪禮中做出朝牌位撒抹香的粗魯舉動。

有說法指出織田信長不但不信仰神佛，甚至還會表現輕蔑。傳教士路易斯．弗洛伊斯說他「擁有良好的理性與清晰的判斷力，是個對於禮敬、尊崇神佛之事，以及一切異教的占卜和迷信風俗都表現輕蔑的人物」。但是，關於他是否真的毫無信仰這一點，其實也存在著許多不同的說法。

根據傳教士路易斯．弗洛伊斯的記載，信長有著中等身材，纖瘦的體型、鬍子少、聲音響亮。關於性格與行動，則描述他是個極度喜愛戰爭、勤於軍事訓練、名譽心很強，對於公平正義也很嚴格的人。而且一旦自己受到汙辱，肯定會回敬懲罰。不過也會在某些事情上展現人情味和慈愛。

天下布武的印章

打從即將上洛之前，織田信長就開始使用「天下布武」的印章。對此，有人解釋成這代表了「憑藉武力來統一天下」的好戰意涵，亦有觀點認為這象徵「追求天下泰平」的意義。但無論是哪一種，我們都能確定信長在這個階段就已經懷抱要奪取天下的想法了。

※1：戰國時代的武將，支配駿河國、遠江國等地的大名。支配了東海道地區廣大的範圍，但最後敗於織田信長之手。
※2：室町幕府第十五代將軍。借助信長的力量當上將軍，之後卻與他產生嫌隙，被趕出了京都。導致了室町幕府的滅亡。

勢如破竹、意圖將天下納為囊中物的信長

從清須，再到小牧山、岐阜、安土，織田信長會因應狀況一邊轉移根據地、一邊擴張勢力範圍。

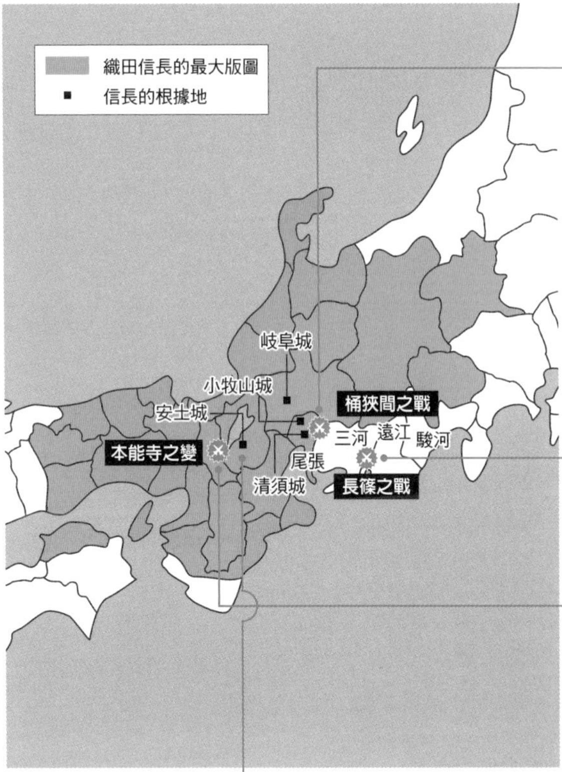
織田信長的最大版圖
信長的根據地
岐阜城
小牧山城
安土城
桶狹間之戰
本能寺之變
三河
遠江
駿河
尾張
清須城
長篠之戰

1560年，統領駿河、遠江、三河等3國的大名今川義元，率領4萬大軍朝著尾張進軍。織田信長以3000兵力在惡劣的天候下對今川軍發動奇襲，最後斬下了今川義元的頭顱，大獲全勝。

1575年，織田信長與德川家康的聯軍與武田勝賴[※4]的軍勢在長篠展開了激戰。武田軍擁有當時最強悍的騎兵軍團，相傳信長設下了防馬柵，並且以配裝3000挺鐵砲的鐵砲隊大敗勝賴的騎兵隊。這場徹底活用鐵砲這種新時代兵器的戰役也被記載於後世的戰史之中。

1582年，為了援護正在遠征中國地區的家臣羽柴秀吉（日後的豐臣秀吉[129頁]），織田信長留宿於京都的本能寺。結果家臣明智光秀叛變、發起突襲，讓信長最後選擇自盡。關於光秀謀反的理由眾說紛紜，直到現今依舊充滿了謎團。

夢幻的安土城

1576年，織田信長在近江國面向琵琶湖之處所建設的居城。這座大城池不僅擁有壯觀的石造5層7重天守閣，內部還裝設了名家狩野永德繪製的障壁畫。但是這座城在本能寺之變後就被燒毀，後人無法得知其詳細的全貌。

羈絆堅實的清須同盟

1562年，也就是桶狹間之戰的2年後，織田信長與松平元康締結了同盟，這便是世人所謂的「清須同盟」。戰國時代的結盟關係大多數都是為了暫時的利害關係一致才締結的，立刻就斷除同盟的例子也並不在少數，但清須同盟卻一直延續到信長死去。以那個時代來說真的是相當稀有的事例。

德川家康

※3：在織田信長旗下嶄露頭角的武將。發動了本能寺之變討伐信長，後來也被羽柴秀吉給擊敗。｜※4：甲斐的戰國大名武田信玄之子。於信玄死後繼承家督，在織田信長發動甲州征伐時戰敗，最後選擇自盡。

事實比小說還更離奇。讓人懷疑自己耳朵的暴虐經由故事被不斷流傳

瘋狂的英雄

14世紀，於中亞建立帖木兒帝國的帖木兒，以其駭人的殘酷與冷酷在歷史上留名。只要被征服的地區有些許反動的跡象，他就會進行大量的虐殺以殺雞儆猴。

15世紀的法國貴族吉爾・德・雷的前半生都在百年戰爭期間協助聖女貞德［48頁］，表現卓越。沒想到在貞德被處刑之後，他便沉溺於黑魔法，還拷問了數百名少年，最後殺掉他們作為奉獻給惡魔的祭品。同樣是在15世紀，瓦拉幾亞大公國的君主弗拉德三世因為抵擋鄂圖曼帝國的入侵，被人民奉為守護祖國的英雄而聲名大噪。但另一方面，他卻將反對自己的國民和俘虜用木樁串起處死，因此畏懼他的人們就稱其為「穿刺公」。

到了後世，吉爾・德・雷成為夏爾・佩羅筆下童話故事《藍鬍子》中出現的殺人魔的範本、至於弗拉德三世則變成布拉姆・斯托克的小說《德古拉》中登場的吸血鬼原型。

以復興蒙古帝國為目標的**帖木兒**（1336～1405）

蒙古系貴族的後裔，帖木兒帝國的開創者。他趁著察合台汗國[16頁]內亂之際，於1370年建立帖木兒帝國。此後，他陸續征服了伊兒汗國、欽察汗國南部領土，構築了從中亞跨越到西亞的龐大帝國。接下來，帖木兒進攻印度、又於1402年的安卡拉之戰[※1]打敗鄂圖曼帝國。而且，他在這些戰役中都持續進行大量的虐殺與掠奪行為。甚至還曾將10萬名非武裝俘虜全數殺死。

名字的意思是「鐵人」，和成吉思汗的幼名「鐵木真」在意義上有異曲同工之妙。如同其名，相傳帖木兒有著高大的身材和寬肩膀，大大的頭部以及濃眉，四肢很長。
雖然自稱是成吉思汗的子孫，但因為不是正統的血脈，所以沒有冠上「汗」的稱謂。
年輕時右腿曾受了箭傷，之後右腳就變得行動不便。所以他也被人們稱為「跛子帖木兒」。

破壞王的城鎮建設

帖木兒把帝國的首都定在撒馬爾罕，致力於將其發展成伊斯蘭文化的中心地。他將征服地區當地的一流建築師和藝術家都帶到首都，還強制伊斯蘭學者移居。

※1：鄂圖曼帝國的巴耶濟德一世於安卡拉之戰中被俘虜，讓鄂圖曼帝國一度走向了毀滅的臨界點。

曾傾心於聖女貞德，卻犯下大罪的**吉爾·德·雷**（1405左右～1440）

法蘭西的大貴族。1429年，他在百年戰爭時期的奧爾良之圍中協助聖女貞德，讓奧爾良得以被解放。後來與英軍作戰的時候，吉爾·德·雷也立下了豐碩的戰功，被人們稱為「救國英雄」，還被任命為法軍的元帥。不過，他在貞德被處刑之後便把自己關在領地，還沉溺於黑魔法與虐殺幼兒。他的罪行在1440年時曝光，最後被處以在貴族階層中很罕見的絞刑。

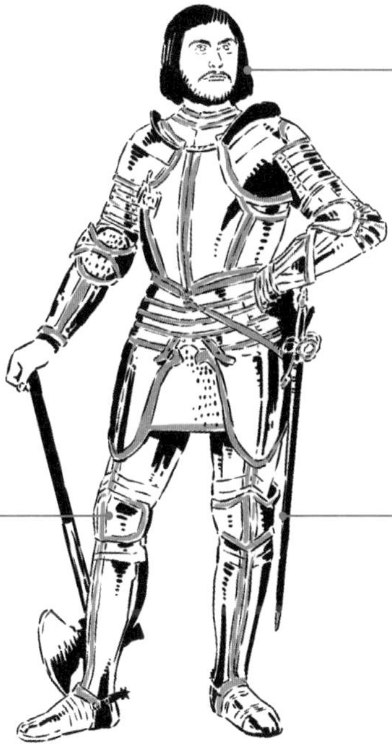

擁有相當高的知性與教養之人。大量虐殺幼兒的行徑之所以會被發現，是因為領地問題爭端，讓他綁架並監禁了神職人員的緣故。

有觀點認為格林童話故事《藍鬍子》中那個接連殺害妻子的殺人鬼，原型就是吉爾·德·雷。

據說他的年少期是在犯下諸多惡行的祖父身邊成長的。

成為「德古拉」原型的**弗拉德三世**（1431～1476）

瓦拉幾亞大公國的君主。少年時代曾以人質的身分在鄂圖曼帝國度過，在成為君主之後，起初也和鄂圖曼帝國建立了良好的關係，但日後還是開始對立。1462年，鄂圖曼帝國的穆罕默德二世[81頁]率領9萬大軍進攻瓦拉幾亞，結果被巧妙運用游擊戰的弗拉德三世給打敗。超過2萬名被俘虜的敵軍都被他用木樁串起處刑，為了恫嚇敵人，還把遺體放在敵軍路線的沿途，讓鄂圖曼帝國軍勢大感震撼。

他還有一個稱呼是「弗拉德·采佩什」，這裡的采佩什在羅馬尼亞語之中就是「穿刺公」的意思。

瓦拉幾亞大公國位於現今羅馬尼亞的南部。因為勇敢地迎戰鄂圖曼帝國這樣的大國，還成功擊退他們，這也讓弗拉德三世被視為羅馬尼亞的國民英雄[※2]。

他是布拉姆·斯托克的怪奇小說《德古拉》中的吸血鬼人物原型。至於「德古拉」這個名字其實也是弗拉德的別名之一，意思是「龍之子」。

※2：布蘭城堡因為被視為德古拉城而聞名。那裡原本是條頓騎士團興建的城塞，到了14世紀後半才修築成現在大家所熟悉的樣子。是在城牆的內側還有中庭圍繞著城館的結構。

領導拉丁美洲邁向獨立

革命的英雄

自從15世紀的哥倫布［152頁］「發現」新大陸以後，美洲大陸便成為西班牙等歐洲列強的殖民地。不過進入19世紀以後，於拉丁美洲發起的獨立運動也越來越興盛。

作為那些獨立運動領頭者的，就是出生於委內瑞拉、名為西蒙・玻利瓦的「克里奧」［※1］。他帶領軍隊對抗西班牙軍，並贏得了勝利，宣告了大哥倫比亞共和國的獨立。

不過，雖然拉丁美洲的許多地域都在日後紛紛實現獨立，卻留下了獨裁政治體制以及貧富差距等問題。時間進入了20世紀，以實現民主主義或社會主義為目標的革命，也相繼在這片土地上綻放。

在墨西哥，農民身分的埃米利亞諾・薩帕塔領導墨西哥革命，至於古巴則是有阿根廷人切・格瓦拉參與當地的革命。到最後，兩邊的革命運動都成功扳倒了獨裁政權。

拉丁美洲的解放者**西蒙・玻利瓦**（1783～1830）

拉丁美洲獨立運動的領導者。他出生於委內瑞拉的富裕西班牙人家庭，在前往歐洲遊學歸國之後，便參與了委內瑞拉的獨立運動。1819年，率領獨立軍的西蒙・玻利瓦在博亞卡戰役中戰勝西班牙軍，宣告了大哥倫比亞共和國獨立，並就任總統。在那之後，他還協助秘魯以及玻利維亞脫離被支配的殖民地地位，就此獨立。

被民眾譽為「解放者」的西蒙・玻利瓦據說很擅長跳舞，還寫得一手好文章。他在遊學歐洲的時候，也曾出席拿破崙[78頁]的加冕儀式。

大哥倫比亞共和國在1830年因為內部爭端而分裂成委內瑞拉、哥倫比亞、厄瓜多。之後西蒙・玻利瓦在失意中罹患肺結核病逝。

玻利維亞這個國名就是源自於西蒙・玻利瓦。另外他也曾短期兼任大哥倫比亞共和國、秘魯、玻利維亞等3個國家的元首。

※1：在西班牙殖民地由西班牙父母所孕育的白人。他們後來主要形成了地主階級，與從本國派遣過來的官僚之間所產生的對立也日漸深化。

率領農民的**埃米利亞諾・薩帕塔**（1879～1919）

墨西哥的革命家。出生於相對富裕的農家，在1910年墨西哥革命爆發之際，他也率領貧困的農民一同參與。然後，他們成功讓波菲里奧・迪亞斯總統的獨裁政權垮台，埃米利亞諾・薩帕塔也成為新政府的核心人物。然而，不擅長政務的他也逐漸在新政府內部被孤立，最後脫離政治圈，回歸了農村。

被描繪在墨西哥紙鈔上的薩帕塔

墨西哥流通的10披索紙鈔上畫的就是埃米利亞諾・薩帕塔。

埃米利亞諾・薩帕塔是美洲原住民與白人混血的麥士蒂索人。據說在當時的中南美洲存在將麥士蒂索人譽為「國民應有的樣貌」的思想。

最廣為人知的革命家**切・格瓦拉**（1928～1967）

阿根廷的革命家。他在1954年參加瓜地馬拉革命後就逃往墨西哥，結識了從古巴流亡的革命家卡斯楚。與卡斯楚意氣相投的他隨即參與了古巴革命。1956年，他作為反抗軍指揮官與卡斯楚一同進攻古巴。革命成功後，切・格瓦拉進入了政府中樞，但是於1965年再次投入革命運動，前往非洲、玻利維亞等地協助革命運動。然而，他最後卻在玻利維亞被政府軍逮捕，槍決處刑。

據說切・格瓦拉患有氣喘，卻熱愛抽雪茄。他的招牌識別就是貝雷帽、鬍子以及戰鬥服。這幅描繪切・格瓦拉的插畫成為一種符號，在世界各地廣為流傳。

切・格瓦拉的本名是埃內斯托・格瓦拉。大家熟悉的「切」，其實是「呀」或「喂」之類意涵的暱稱。

繼續深入了解

革命的英雄

據說拉丁美洲各國的獨立運動，都受到了法國大革命[※2]的影響。

奧諾雷・米拉波
（1749～1791）

於法國大革命前成立的國民議會中的主要人物。是位領導革命的革命家。

羅伯斯比
（1758～1794）

領導最為激進的雅各賓黨（山嶽派），徹底執行處決路易十六等政策。

拉法葉侯爵
（1757～1834）

參與美國獨立戰爭後，又以貴族身分領導法國大革命。《人權宣言》的起草者。

※2：於1789年爆發的人民革命。直到1799年拿破崙掌握獨裁權力之前，在主導勢力發生令人眼花撩亂的變遷過程中，奉國王為頂點的封建身分制度等過往的社會體制產生了根本性的變化，成為近代社會成立的轉捩點。

在歷史的幕後暗中活躍的執行者

暗殺者、間諜中的英雄

談到暗殺或間諜之類的行為，應該是屬於任誰都無法給出讚許的範疇吧。但是，有一群人卻能為此賭上自己的性命。

紀元前3世紀的中國，荊軻接受了燕國太子丹委託的刺殺秦王嬴政（日後的始皇帝［32頁］）任務。之後他構思了計畫，以接近嬴政，最後雖然來到了能對嬴政揮刀的這一步，卻功敗垂成，反被人擒拿殺害。

18世紀，雅各賓黨［※1］在法國大革命後施行恐怖統治，其領導人之一的尚-保羅・馬拉最後死於暗殺。下手的人物，是一位完全沒有受過暗殺等訓練的年輕女性夏綠蒂・科黛。

考古學家湯瑪斯・愛德華・勞倫斯在第一次世界大戰期間作為英國軍方的情報軍官大為活躍。他協助被鄂圖曼帝國支配的阿拉伯民族所展開的獨立運動，因此被人們稱為「阿拉伯的勞倫斯」。

這幾位確實沒有做出能大幅撼動歷史走向的作為，但他們依舊化為一陣風、推動歷史持續前進。

進逼秦王項上人頭的刺客**荊軻**（？～前227）

出身衛國，年輕時喜愛劍術，在流浪諸國以後替燕國工作。他接受燕國太子丹的委託，準備暗殺秦王嬴政、也就是日後的始皇帝。荊軻認為想要接近警戒心很強的嬴政，唯有將從秦國逃亡到燕國的樊於期的首級獻給他。因此荊軻便和樊於期討論此事，結果後者爽快地應允，為成大事而自盡。於是荊軻便帶著作為獻禮的樊於期首級成功地與嬴政會面。就在他對嬴政揮出短刀時，卻被對方躲過一劫，最後荊軻也被趕來的士兵擒殺。

這把暗殺秦王嬴政的短刀，據說是古代中國的越國傳說刀匠徐夫人的匕首。

準備離開燕國去執行暗殺任務的時候，明白自己無法生還歸來的荊軻所高唱的「風蕭蕭兮易水寒，壯士一去兮不復還」十分出名。

荊軻在浪跡諸國的時候飲酒高歌，喝醉之後，其言行舉止就宛如身邊沒有其他人一樣。後世也從這段淵源催生出了「旁若無人」這個成語。

※1：因為在國民立法議會占據了最高處的席位，因此也被稱為山嶽派。代表小布爾喬亞、貧困市民、農民利害的極左派。主張要進行徹底的革命，於1792年夏天開始掌握了革命的主導權，最後開始施行恐怖統治，鎮壓反革命的勢力。

美麗的「暗殺天使」夏綠蒂・科黛（1768～1793）

出身於法國下層貴族家庭。13歲的時候進入修道院，但是到了1789年爆發法國大革命之後，她便加入了屬於穩健派的吉倫特派。後來因為吉倫特派在與雅各賓黨這個過激左派的爭鬥中落敗，於是她便決定要刺殺雅各賓黨的領導者馬拉。科黛拜訪了正在自己家裡療養皮膚病的馬拉，假裝要向他揭露一場陰謀、趁機用菜刀殺死他。

相傳後來被人們稱為「暗殺天使」的夏綠蒂・科黛是活躍於17世紀的法蘭西王國作家皮耶・高乃依的子孫。

「可以讓我戴上手套嗎？」

夏綠蒂・科黛生了一張美麗的面孔，就連法國大革命時期的處刑人桑松都為其美貌傾心，將此事寫進回憶錄裡面。回憶錄中記載了一則小故事，據說科黛即將被處刑時因為不想讓捆綁自己的繩索弄傷手腕，還提出了想戴上手套的申請。然後，她就面帶微笑上了斷頭台，接受處刑。

支援阿拉伯獨立的湯瑪斯・愛德華・勞倫斯（1888～1935）

英國的考古學者。因為是中東專家，所以在1914年爆發第一次世界大戰[※2]時成為英國軍方的情報部隊成員進入阿拉伯地區。在活動的過程中，他也逐漸對於受到鄂圖曼帝國統治的阿拉伯民族所掀起的獨立運動產生了共感，於是和阿拉伯民族一起展開游擊戰、與鄂圖曼帝國對抗。他也因此被世人稱為「阿拉伯的勞倫斯」。

身高165cm，以英國人來說算是小個子的勞倫斯愛用的品牌，就是英國當地的貝達弗。就連切・格瓦拉[95頁]也是該品牌服飾的愛好者。

他在戰爭期間變裝潛入敵方陣地，結果被俘虜，遭受到激烈的拷問。據說他因此感受到被嚴刑拷打的快感，此後甚至還會花錢僱用人來鞭打自己。

英國在戰後作廢了協助阿拉伯民族國家獨立的約定，採取自國優先政策。勞倫斯對此相當失望。1935年他從軍隊退役，之後在一場摩托車事故中喪生。

※2：以德意志帝國、奧匈帝國、鄂圖曼帝國、保加利亞王國為中心的同盟國，與以英法為首的協約國之間所爆發的戰爭。鄂圖曼帝國在這場戰事中解體，由土耳其共和國取而代之。

追尋滿載寶物的船隻，航行於磅礴的大海

海盜中的英雄

雖然海盜自古就已經存在了，但是時間進入16世紀以後，才開始出現與國家締結契約、襲擊外國船隻的私掠船。若是提到這種行為特別興盛的地方，那就是英國了。

其中最知名的就屬16世紀的法蘭西斯・德瑞克。他獲得女王伊莉莎白一世［142頁］的特許，襲擊了大量將中南美洲的財寶運回西班牙的西班牙船隊，為英國累積了龐大財富。此外，17世紀的亨利・摩根也是與英國訂立契約的海盜。他時常攻擊西班牙船舶和殖民地，日後更是出人頭地、成為英國殖民地牙買加的副總督，轉變為約束海盜的立場。

不過，並不是所有的海盜都會跟國家簽訂契約。也有像是在大西洋和加勒比海興風作浪的巴索羅繆・羅伯茨、擁有黑鬍子這個暱稱的愛德華・蒂奇、因為寶藏傳說而聲名大噪的威廉・基德等被海軍追捕、最後因此殞命的人物存在。從事任意妄為的海盜事業，或許最後要付出的代價就是自己的生命。

航行世界一周的海盜
法蘭西斯・德瑞克（1543左右～1596）

於英國出生，打從十多歲的時候就開始登船累積經驗，後來成為一名海盜開始活躍。等到他開始親自率領海盜船隊的時候，就得到女王伊莉莎白一世的特許，開始攻擊西班牙、葡萄牙的船隻並掠奪他們。1577年，他在女王的援助下展開航行世界一周的任務，達成了英國人首度環繞世界一周的成就[※1]。基於這項功績，他也因而獲封爵士頭銜。

無敵艦隊海戰

採用以著火船隻撞擊西班牙船隻的火船攻擊，讓西班牙蒙受極大的損害。

1588年英國海軍迎擊西班牙海軍的海上戰役[143頁]。由德瑞克擔綱副司令官的英國艦隊最後打敗了西班牙的無敵艦隊。

1567年，法蘭西斯・德瑞克加入約翰・霍金斯的船隊，從事奴隸貿易的工作。他們在西班牙領有的烏魯阿聖胡安島突然被西班牙人襲擊，遭受了相當大的損害。據說德瑞克一輩子都沒有忘記當時的憤恨。

伊莉莎白一世親自來到德瑞克達成繞行世界一周偉業的金鹿號上，進行他的封爵儀式。

※1：在他展開航行世界一周的大航海計畫時，開拓出麥哲倫沒有發現的另一條太平洋上的航路。南美大陸（最南端的合恩角）與南極大陸之間的那一片廣闊海域，也被後世冠上德瑞克海峽之名。

在陸地上也獲得成功的亨利・摩根（1635左右～1688）

出生於威爾斯，前半生的經過無從得知，但相傳他幼時就被拐走、賣到西印度群島的巴貝多島，成為加勒比海到的一員。他以海盜的身分嶄露頭角，之後變成英國私掠船的船長，對當時西班牙領有的古巴和巴拿馬發動攻擊。因為他將獲得的財富上繳英國本國，被國王查理二世授予爵位。後來甚至當上了牙買加的副總督，最後於當地過世。

他還以海盜事業賺來的資本為基礎，從事大規模與製糖相關的甘蔗種植產業。

晚年，亨利・摩根在海盜時代的部下出版了提及其惡行的回憶錄，他還因此對這件事提出了損害名譽的訴訟。

摩根的容貌在不同的繪畫中也出現了各式各樣的版本。相傳知名畫家林布蘭也留下作品，描繪的是40多歲時期的摩根，畫中的他身穿華麗服飾、面露志得意滿的神情。不過這幅畫究竟是不是出自林布蘭之手，目前還尚未明朗。

重視海盜戒律的巴索羅繆・羅伯茨（1682～1722）

同樣出生於威爾斯，前半生也同樣不明。1791年，已經邁入30多歲後半期的他，因為自己工作的販賣奴隸船被海盜襲擊，被俘虜的他也因此轉型海盜。沒有多久便登上船長的位子，在非洲、加勒比海、南美洲沿岸攻擊葡萄牙的船舶，藉此獲得了相當豐碩的財富。據說巴索羅繆・羅伯茨生涯掠奪的船達400艘之多，換算成金錢可達5000萬鎊[※2]。然而，後來他被英國海軍追捕，在1722年於幾內亞灣受到對手海軍的砲擊而死去。

他也被人稱為「海盜的黃金時代」最後且位居最頂點的海盜，綽號為「黑色准男爵」。據說他的長相非常俊俏。

相當時髦，會在大紅色的宮廷用短褲上加掛飾帶。身披大衣、頭戴裝飾有紅色羽毛的三角帽。肩上用緋紅色的帶子吊著手槍。

據說在從事海盜事業的初期，他喜歡把從葡萄牙商人那邊奪來的「鑲鑽十字架」用金鍊子掛在自己的胸前。

羅伯茨的戒律（部分）

他會對部下施行嚴格的「戒律」，以高紀律的海盜船隊為傲。

- 賦予所有的船員關於活動的投票權。
- 戰利品依照清單公平地依序分配。
- 嚴禁紙牌或骰子等形式的賭博。
- 戰鬥時逃離船舶或工作崗位的場合，處以死刑或是流放刑。

※2：巴索羅繆・羅伯茨的主艦是從法國艦隊那邊搶奪的巨型前桅橫帆雙桅船（擁有2根桅杆的船），他為這艘船取名為「皇家幸運號」。

靠著力壓男性的氣魄乘風破浪

女海盜中的英雄

自古以來，世界各地就流傳著不讓女性登船的風俗習慣。因此，在伴隨嚴峻戰鬥的海盜事業領域中，女性可說是極其稀少。即便如此，像是格蕾絲・奧馬利〔69頁〕這種讓一干男性跟隨她的女海盜也確實存在於這個世界。

舉個更久遠的例子，紀元前5世紀的小亞細亞，哈利卡那索斯的女王阿爾特米西亞一世就留下了指揮戰船進行海盜活動的紀錄。時間來到被稱為「海盜的黃金時代」的18世紀，安妮・邦妮和瑪麗・里德這對身著男裝的女海盜搭檔也在加勒比海一帶耀武揚威。

19世紀的中國也有個被人們稱為鄭夫人的女海盜。在擔任海盜首領的丈夫過世之後，鄭夫人便承接了海盜船隊，而且還將其規模擴展得比丈夫領導的時代還更龐大。對於清朝來說，她就是個難纏的存在。

這其中還有一點非常有意思，就是她們沒有一個人是死於非命的。

才氣縱橫的指揮官阿爾特米西亞一世（紀元前5世紀）

哈利卡那索斯[※1]的女王，支配了卡里亞地區，並從事海盜活動。因為哈利卡那索斯從屬於波斯的阿契美尼德王朝，所以在紀元前480年、由阿契美尼德王朝對戰希臘聯軍的第三次波希戰爭中，阿爾特米西亞一世是站在波斯這一方作戰。薩拉米斯戰役[54頁]爆發時，她率領5艘船隻組成的艦隊迎擊雅典海軍，建立了戰功。

由於阿爾特米西亞一世在薩拉米斯戰役中的活躍，阿契美尼德王朝之主薛西斯一世就表示「我軍的男人都成了女人、而女人變成了男人」。
阿爾特米西亞這個名字是源自於希臘神話中的狩獵女神阿提米絲。
也有傳說提到她與美少年相戀，但最後弄瞎了少年的眼睛，自己也自盡了。

※1：位於安納托利亞半島（小亞細亞）西南海岸的卡里亞，是個都市型國家。該地也因為是世界七大奇蹟之一的摩索拉斯王陵墓所在地而為人所知。

於加勒比海孕育友情的安妮・邦妮和瑪麗・里德

安妮・邦妮和瑪麗・里德是加勒比海的海盜之中最知名的女海盜。兩個人一起活躍於約翰・拉克姆[※2]的海盜團，打響了名號。雖然日後被捕，但她們都在審判期間因為懷有身孕而延後了處刑。

安妮・邦妮（1700～1782？）

美國出身。她在巴拿馬與船員私奔後，因為結識了約翰・拉克姆而離開丈夫，並與拉克姆再婚。安妮・邦妮自己也換上男裝搭上拉克姆的海盜船。她在船上與瑪麗・里德意氣相投，便齊心協力在大海上橫行霸道。只不過，她也因為拉克姆海盜團在1720年被牙買加總督派遣的討伐隊擊敗，最後被補。

審判時發現懷有身孕，因此延後執行死刑。而且據說安妮・邦妮的父親是有權勢的農場經營者，透過檯面下的交易，才讓她能夠從獄中悄悄地消失。還有一說指出她平安生產後被釋放，並回到美國再婚，一直活到82歲。

相傳被逮捕之後，獲准和拉克姆會面的安妮・邦妮破口大罵：「如果你有點男子氣概、奮戰到最後的話，我們也不會像條狗一樣要被吊死。」

據說她擅使「Cutlass」這種海盜彎刀。

她和安妮・邦妮都在審判時發現懷有身孕。雖然不久後就要生產了，卻因為染上熱病而病逝。

瑪麗・里德（1685～1721）

英國出身。相傳她曾身著男裝加入英國陸軍，也曾參與過西班牙繼承戰爭。在那之後，她搭上前往西印度群島的商船，並在途中遭遇海盜的襲擊而被俘，最後自己竟然也成了海盜。接著她便與安妮・邦妮相遇，兩人一同加入約翰・拉克姆的海盜團、混在一群男人之中勇敢地戰鬥。

繼續深入了解

女海盜中的英雄

鄭夫人（1775～1844）

原本是個妓女，與率領海盜的鄭一相識結婚。1807年丈夫過世，她繼承了海盜團「紅旗幫」，並且成為以南海為中心的巨大勢力。她力退清朝的討伐，據說在退隱後開始經營賭場和妓院。

阿維爾達（5世紀）

以5世紀左右的波羅的海為舞台活動的傳說女海盜。原本是斯堪地那維亞的公主，但因為抗拒婚事，率領部下逃走，最後成為海盜。

※2：18世紀在加勒比海活動的海盜。因為時常穿著白木棉的帽子和衣服，所以也被人們稱為「棉布傑克」。他也以在黑底配置兩把Cutlass、上面還有個骷髏頭的經典海盜旗設計者之身分而聞名。

幫助弱勢、力抗強權的人民英傑

義賊、法外之徒中的英雄

盜賊或山賊等雖然都是法外之徒，但其中善待弱小的民眾百姓、也就是「義賊」般的存在，自古以來就不分東西方，獲得了廣大的支持。

描述集結108名豪傑的梁山泊勢力打倒貪腐官員的中國古典小說《水滸傳》［※］是部十分出名的作品。其中梁山泊的首領宋江在歷史上真有其人，是12世紀爆發的農民起義活動的領導者。另外場景換到英國，那裡也流傳著羅賓漢的傳說。12～13世紀左右，隱居在雪伍德森林裡面的羅賓漢與其同伴們對受到惡政對待的大眾伸出援手，相當活躍。他們的事蹟也藉由吟遊詩人之口，代代相傳至今。

說到底，其實故事與史實的宋江存在很大的差異，至於羅賓漢本身也只是個傳說中的英雄。不過，相傳在17～18世紀，有個真實生活在斯洛伐克的山賊尤拉伊・亞諾希克就會從權勢者和有錢人那裡奪來財物，並且分配給庶民大眾。

他們就是一群以自身乘載民眾希望的英雄們。

傳奇小說名著《水滸傳》的人物模板宋江（12世紀）

關於宋江的生涯資訊其實並不詳盡，但已經知道他在1121年帶著35名心腹，掀起農民反叛。宋江的勢力曾一度大幅擴張，但不久後就被鎮壓了。這個史實也被記載於中國史書《宋史》裡面，將該史實加以延伸擴張後創作出來的，就是《水滸傳》這本小說。

在《水滸傳》之中，宋江擁有「及時雨」、「呼保義」等稱謂。前者是來自於宋江對困窘之人伸出援手的性格、也就是「恩惠之雨」的意思，後者則是從官職而來。

據說現實中的宋江在反亂被鎮壓之後就投降官軍，之後也跟《水滸傳》的內容一樣參與了平定方臘之亂的行動，不過並沒有定見。

梁山泊的位置

《水滸傳》提到，宋江勢力是以位處梁山泊這座湖泊中的島嶼為根據地，展開活躍的行動。

※：元末、明初成書的中國通俗小說，被列為中國四大奇書之一。背景是北宋末期的徽宗時代，描述宋江領導的108名豪傑在現今山東省的梁山泊齊聚一堂，懲戒不公不義的高官、護國救民的故事。

在許多文學、電影中都有描繪
羅賓漢（英國傳說）

英國傳說中的英雄。相傳他以位於英國中心區域的雪伍德森林為根據地，制裁壞心官員、並且奪取貴族和有錢人的財物去救濟貧困者。此外，也留有他挺身抵抗11世紀後支配英國的諾曼人的紀錄。不過，也存在時代背景不同的傳說，甚至還有他在13世紀反抗約翰王（無地王）[87頁]暴政的說法。

擅長的武器是長弓。19世紀以後，他大多被描繪成身穿綠色衣物的形象。
有論點認為他原本的形象乃是來自於英國的妖精羅賓古德費洛。其冒險故事也透過中世歌謠的形式被傳唱，流傳到各地。這種歌謠就是吟遊詩人所唱的「敘事歌」。

繼續深入了解

義賊、法外之徒中的英雄

尤拉伊・亞諾希克（1688～1713）

匈牙利的義賊。他參與了讓匈牙利從哈布斯堡家族統治中解放的戰事，但之後成為了山賊。他在斯洛伐克一帶襲擊地主、商人、教會等，搶走財物後先留下自己勢力的份，其餘就分配給鄰近的村子。

比利小子（1859～1881）

美國西部拓荒時代的強盜。當時西部地區強盜、殺人等事件不斷，他當上林肯郡商店的保鑣，據說還在爭搶地盤的場合開槍射殺4個人。後世的西部劇都把他視為義賊來進行創作，受到了廣大的歡迎。

普蘭・黛維（1963～2001）

出身於種姓制度下層的首陀羅家庭，因為被盜賊團拐走的關係，之後竟也成為盜賊。1980年，她對侮辱自己的男性們展開復仇，襲擊村子，還殺掉22人。1983年被逮捕，於1996年釋放。在那之後她轉型為政治家。著有自傳《I, Phoolan Devi》。

石川五右衛門（1558？～1594）

安土桃山時代的盜賊頭目。他在江戶時代的淨琉璃或歌舞伎等藝術創作中作為反抗豐臣政權的義賊登場，義賊的印象也從此生根了。但實際上他卻被認為是個兇悍的盜賊，於1594年與兒子一同被處以釜煎之刑。傳說他在釜中直到斷氣之前都把孩子高高舉起。

率領圓桌騎士的傳說王者

亞瑟王（亞瑟王傳說）

亞瑟王是在5～6世紀的不列顛擊敗入侵者薩克森人（日耳曼人）、傳說中的凱爾特布立吞人（凱爾特人）之王。

亞瑟是烏瑟王的親生兒子，但是他卻在不知道自己流著皇家之血的情況下長大。不過，日後他拔起沒有任何人能成功拔出的石中劍，證明了自己的皇家血脈，成為不列顛的領導者。

當上君主的亞瑟統一了不列顛尼亞（現今的英國），還和關妮薇這位美麗的女性結婚。在那之後，一群被稱為圓桌騎士的騎士們集結在王的旗下，他們和魔法師梅林一起協助亞瑟王，陸續征服了周邊的國家。

可是，圓桌武士之中的蘭斯洛特卻和王后關妮薇發生了不倫戀情。亞瑟王為了討伐蘭斯洛特而領兵出征，但其子莫德雷德卻在這個時候舉起反旗。亞瑟王在與莫德雷德交戰的卡姆蘭戰役中受了重傷，最後就此殞落。

成為王者之劍等諸多傳承與遊戲的原型

關於亞瑟王是不是真實存在的人物，時至今日也依舊眾說紛紜。有說法認為真正的亞瑟其實並非王者，不過就是和薩克森人作戰的凱爾特布立吞戰士之一罷了。此外，因為關於其王者身分的傳說並沒有能被稱為原典的記載，所以相關的故事也存在無數的版本。

亞瑟王
梅林
談到亞瑟王，他所持有的那把名為「王者之劍」的聖劍也相當出名。只不過，有說法指出亞瑟在登上王位之前從石頭拔出來的那把劍就是王者之劍；也有他在成為國王之後，由名為湖中貴婦的水妖精贈與的劍才是王者之劍等兩種論點。
梅林擁有施展魔法和預言的能力，乃是侍奉每代凱爾特布立吞之王的魔法師。相傳他的父親是夢魔，母親則是修女。梅林輔佐亞瑟王，還曾在主君打算和關妮薇成婚時做出了「會導致不幸，請您打消這個念頭」的預言。

※1：傳說中，於卡姆蘭戰役身受重傷的亞瑟王命人將王者之劍送回給湖中貴婦，最後經由水妖精們的力量，劍被送往了名叫阿瓦隆的島嶼。人們相信亞瑟王至今仍長眠於那座島，有一天會為了拯救世人再次回歸。

因為兒子的反叛導致亞瑟王走向人生結局

麾下的騎士蘭斯洛特和妻子關妮薇發生了不倫戀情，這讓亞瑟王勃然大怒，起兵遠征蘭斯洛特逃向的目的地法國。這段期間，亞瑟王將居城卡美洛委任自己和異父姊所生的孩子莫德雷德，但是莫德雷德卻發動叛亂。

根據傳說，亞瑟王將卡美洛作為居城，但是關於這座城池到底蓋在哪裡卻沒有明確的說法。人們認為可能的地點有康瓦爾的卡姆爾福德、英格蘭北部的卡萊爾、薩莫塞特的卡德伯里城堡等數個地方。

連忙返國的亞瑟王開始與莫德雷德交戰，這就是所謂的卡姆蘭戰役。雖然亞瑟王成功將之討伐，但自己也受了重傷，迎來了人生的終局[※1]。

與國王一同被傳說歌頌的圓桌騎士

據說關妮薇和亞瑟王結婚時帶來了一張巨大的圓桌作為嫁妝。因為集結在亞瑟王麾下的菁英騎士們會圍著這張桌子入座，因此他們就被稱為圓桌騎士[※2]。

圓桌騎士除了藍斯洛特之外，還有亞瑟王的異父姊摩高斯之子高文、珀西瓦里、蘭斯洛特之子加拉哈德、亞瑟王的義兄凱、與愛爾蘭公主伊索德相戀而廣為人知的崔斯坦等等。

聖杯是耶穌基督於最後的晚餐時使用的杯子，它也被用來盛裝耶穌被綁上十字架並處以磔刑後流出的血液。在基督教世界中，信徒認為聖杯是能夠引發奇蹟的神聖之物。亞瑟王命令圓桌騎士們尋找聖杯的下落，但最後還是未能實現這個目標。

※2：大多數的說法認為圓桌的席位數是13席，但根據傳承的不同，數量也有所差異，這也導致關於圓桌騎士的人數說法也是各有不同。此外，有項規矩是位子永遠都要空出1席。

column

英雄們的花絮③

善於處世之道的英雄

就算擁有再優秀的武力或智慧，如果不擅長待人處事的話，絕大多數都會迎來失敗的收場。想要深入探討人類的心理，絕對需要靈活的應對技巧。

范蠡（紀元前5世紀）是中國春秋時代侍奉越王勾踐的政治家兼軍人，他輔佐主君，在一旁出謀劃策。其中最廣為人知的，就是他提出將西施這名美女獻給吳王夫差的美人計。夫差為西施神魂顛倒，因此怠忽了政務，導致吳國國力的下滑。日後這也成為越國能夠成功消滅吳國的原因之一。

然而，後來范蠡卻悄悄地離開了越國。因為他判斷在國家危難之際，勾踐還會慎重地看待自己，一旦吳國滅亡之後，自己看在主君的眼裡或許就會顯得礙眼了。

實際上在那之後，范蠡的同僚就因為勾踐懷疑他有謀反之心而被賜死。據說范蠡換了名字，在其他的國家開始經商，最後累積了龐大的財富。

能夠敏銳察覺主君心情變化的范蠡（前5世紀）

場景同樣是在中國，戰國時代侍奉秦王嬴政（後來的始皇帝）的將軍王翦（紀元前3世紀）奉令進行楚國的攻略，卻執拗地向君主要求大量的獎賞。部下們原本都認為王翦是個清心寡慾的人，因此相當驚訝，甚至有所批判，但是這一切其實都是王翦的盤算。嬴政的猜疑心很強，只要讓他萌生此人可能謀反的疑慮，就會毫不遲疑地肅清。因此，流露出對獎賞的渴望，也能表現自己並無逐鹿天下的野心。這項計策奏效了，王翦得以一路侍奉猜疑心強烈的嬴政直到最後，安享天年。

毫不掩飾貪婪，免於被肅清的王翦（前3世紀）

日本的戰國時代有位武將叫做山內一豐（1546～1605），他年輕時很貧困，還得靠著妻子的私房錢才能購買馬匹，這件事非常有名。日後，雖然山內一豐成為豐臣秀吉（129頁）的部下，但當時的他不過就是個5萬石規模的小大名而已。在秀吉過世後，諸將為了要在關原之戰中選擇支持德川家康還是石田三成而陷入了天人交戰，此時他率先表態「在下將自己的城池和城內的軍糧全都獻給家康大人」。因為山內一豐的領國位於東海道途中，因此德川家康非常高興。在家康的東軍取得關原之戰的勝利後，一豐也被賜予土佐一國20萬石。光是用一句話，就讓他掌握了鯉魚躍龍門的機會。

只靠一句話就獲得土佐一國的山內一豐（1546～1605）

4章

被戀愛故事妝點的英雄

本章將會介紹留下許多感情故事的英雄們。舉例來說，像是擁有許多愛人的俄羅斯女帝凱薩琳二世，以及和克麗奧佩脫拉七世之間的戀情也相當有名的凱撒等人物。如果知道再怎麼超乎尋常的人一旦和他人萌生情愫也是會因此動搖，似乎就會覺得他們變得更加親民了呢。

身與心都獻給俄羅斯的俄羅斯女帝

凱薩琳二世（1729～1796）

明明體內沒有一絲一毫俄羅斯人的血液，卻成為俄羅斯的皇帝（女帝），而且日後還因為她創下的偉業而被人們譽為「大帝」。這位女傑，就是凱薩琳二世。

凱薩琳二世誕生於德意志貴族之家，之後和俄羅斯皇太子彼得三世結婚。其夫婿後來即位成為皇帝，但是缺乏作為君主的資質，於是凱薩琳二世於1762年發動政變，取而代之登上了皇帝的寶座。只不過，她的這一番作為並非出自於野心，而是為了俄羅斯。

在那之後，凱薩琳二世將身與心都獻給了俄羅斯這個國家。她整備國家機構、擴張領土，把俄羅斯帶向大國的地位。

但另一方面，她在私生活中擁有許多愛人一事也相當出名。直到凱薩琳二世逝世之前，她都維持著與年輕愛人的交往。這不僅支持了她的治世，同時也治癒了忙於政務所帶來的疲憊感。

以知性與熱情帶領俄羅斯的皇帝

14歲就成婚的凱薩琳二世積極地學習俄羅斯語，甚至還曾發生過度努力導致發燒的狀況。她還改信俄羅斯正教會[※1]（由本名蘇菲亞改名為凱薩琳・阿列克謝耶芙娜）。因為想要讓自己成為俄羅斯人所付出的諸多努力，也讓她這個外國人獲得了宮廷以及俄羅斯國民的強力支持。

據說凱薩琳二世擁有豐富的知識與學養，這也讓她有能力與學者和藝術家們直接對談討論。

關於凱薩琳二世的愛人，相傳光是知名人士就超過10人，要是連無名之輩也算進去的話可能會超過數百人。因此，後世也有人稱她是「王座上的娼婦」。

1782年，日本人大黑屋光太夫在搭船前往江戶的途中遭遇了暴風雨，最後漂流到當時的俄屬阿留申群島之中的阿姆奇特卡島。他在1791年來到聖彼得堡的宮殿拜謁凱薩琳二世，請求女帝讓自己歸國。獲准返國後，大黑屋光太夫於隔年和遣日使節亞當・拉克斯曼一同踏上歸鄉之路[※2]。

※1：東正教的支派之一。原本東正教的中心是拜占庭帝國，但是帝國在1453年滅亡以後，位於君士坦丁堡的總主教也設於莫斯科，繼承了希臘正教的正統。

凱薩琳二世治世下的俄羅斯最大版圖

凱薩琳二世統治時期的俄羅斯，正推動南下政策與東方進出行動，急速地擴張了領土。其擴張範圍之外就是遠東地區以及大海另一頭的日本。

成為皇帝的凱薩琳二世為了擴張領土，因此積極地推行南下政策。1768年她入侵了克里米亞半島，此舉導致俄土戰爭爆發。這場戰爭發生了兩次，最後由俄羅斯獲勝，克里米亞半島也成為了俄羅斯的囊中物。

於公私兩個層面都支持著女帝凱薩琳二世的愛人們

據說凱薩琳二世在44歲時邂逅了小自己10歲的軍人格里高利・波坦金，這是她最愛的情人。不光是私生活，波坦金在公務領域也積極地支持著女帝。雖然在官方紀錄中凱薩琳二世只和彼得三世結過婚，但也留下了她和波坦金「祕密成婚」的傳聞。因此，波坦金也被人稱為「凱薩琳二世生涯唯一的真正夫婿」。

傳說愛人的數量多達數百人

謝爾蓋・薩爾蒂科夫

凱薩琳二世在16歲就嫁給比她大1歲的彼得三世，但是這位夫婿卻在新婚夜的床上玩起玩具軍隊，這讓她大失所望。於是她將謝爾蓋・薩爾蒂科夫視為自己的第一個愛人。亦有傳聞表示他們兩個生下的孩子就是後來的保羅一世。

格里戈里・奧爾洛夫

作為政變的參謀大為活躍的，就是凱薩琳二世愛人之一的格里戈里・奧爾洛夫以及他的兄弟們。

格里高利・波坦金

相傳波坦金在自己的狀況明顯衰退時還為女帝安排了新的愛人。

※2：亞當・拉克斯曼奉命跟著大黑屋光太夫前往日本進行通商交涉。凱薩琳二世甚至還開辦了日文學校，對日本這個國度抱持著超乎尋常的興趣。

對權力和愛情都極為渴求的領導者們

情史豐富的女性權力者

男性權力者身邊有好幾個愛人簇擁並不是什麼稀罕的事情。同樣的道理，當女性掌握權勢之後，或許也會希望有幾個頗具魅力的男性隨侍在身邊吧。

紀元前8世紀，亞述傳說中的女王賽米拉米斯就因為風流多情而廣為人知。當時的亞美尼亞有位人稱「美男子阿拉」的俊俏國王。賽米拉米斯想要讓他成為自己的人，但是卻被拒絕了，於是便發動了戰爭，阿拉也因此戰死。

7世紀時，唐朝皇帝高宗的妻子在丈夫死後便自主即位，她就是中國歷史上獨一無二的女性皇帝武則天。她寵愛多名男子，並且賦予他們特權。

13世紀，開創馬木路克王朝的舍哲爾·杜爾是位在伊斯蘭世界中極其罕見的女性蘇丹（君主）。她和有家室的軍人艾伯克結婚，不過後來也將其殺害。

成為這幾位女性戀愛對象的男性，感覺都是賭上了自己的性命呢。

建構巴比倫都城的賽米拉米斯（紀元前8世紀？）

古亞述的女王。起初是亞述大臣翁涅斯的妻子，後來被尼諾斯王相中，執意迎娶賽米拉米斯，這導致翁涅斯選擇自盡。在尼諾斯王死後，賽米拉米斯作為女王君臨了亞述。她成為女王後在巴比倫修築了都城，還發起遠征印度的行動。傳說表示最後她將王位讓給兒子，化為一隻鴿子離去。

有論點指出尼諾斯王是被賽米拉米斯毒害的。另外也有說法認為，其實她才是世界七大奇蹟之一「巴比倫空中花園[※1]」的建造者。

相傳她是半人半魚的女神德爾克托與人類生下的孩子，兼具美貌與才智。後來她被遺棄，之後又被鴿子給養大。

※1：相傳是紀元前6世紀，尼布甲尼撒二世為了王妃所興建的建築物。在人們的想像中，那是座在5層的基壇上種植樹木、擁有庭園的高層建築[80頁]，不過並沒有發現考古學方面的證據。

中國歷史上唯一君臨天下的女帝**武則天**（624左右～705）

唐高宗的皇后，後來成為周（武周）的初代皇帝。她原本只是唐朝第二代皇帝太宗後宮中的女性之一，在太宗過世後，就成為太宗之子、也就是第三代皇帝高宗的皇后。然而高宗體弱，這也讓她逐漸掌握了政治大權。在高宗過世後，他們的孩子中宗、睿宗也在即位後接連被廢位。690年，她自主即位，自稱「聖神皇帝」，並將國號改為「周」。

將皇帝改稱天皇、皇后改稱天后，並且開發名為「則天文字」的新文字，是個很喜歡改變傳統的人。
年輕時的武則天相傳有著一頭漆黑的秀髮、又長又大的眼睛、白雪般的肌膚、桃紅色的嘴唇、薔薇色的雙頰、豐滿的胸部、以及能媚惑觀者的媚笑。不僅如此，她還有個聰明的頭腦。據說在其嬰兒時代，就有人觀其相表示「後當為天下之主矣」。
雖然因為採行了殘酷的政策而招致不少批判，但是她在統治期間提拔了優秀的人才，還維護學問、振興文化，國家相當安定。不過武則天於705年逝世之後，國號立刻又回歸為唐。

從女性奴隸變成埃及之主的**舍哲爾·杜爾**（？～1257）

埃及馬木路克王朝的初代蘇丹。她原本是宮廷中的女奴隸，因為受到埃宥比王朝[36頁]的蘇丹薩利赫寵幸而生下孩子，成為了正室。就在第六次十字軍遠征進攻埃及的期間，薩利赫突然死去，於是舍哲爾·杜爾隱瞞丈夫的死訊，親自對軍隊下達指令，最後讓十字軍撤退。下一任蘇丹乃是她的義子突蘭沙，但是獲得軍隊支持的舍哲爾·杜爾發起政變，創立了馬木路克王朝[※2]，自己登上蘇丹大位。只不過，伊斯蘭世界都對女性成為蘇丹這件事展開批判，於是她和將軍艾伯克結婚後便讓出了蘇丹的寶座，但自己依舊掌握著實權。

據說她擁有無以倫比的美貌和豐富的見識，精明且知性。順帶一提，她的名字在阿拉伯文中就是「珍珠樹」的意思。
馬木路克王朝成立後，艾伯克沒有經過同意就擅自與年輕女性結婚，這件事激怒了舍哲爾·杜爾。據說她用木製涼鞋瘋狂地痛打艾伯克的頭部，將其殺死。不過，舍哲爾·杜爾也隨即被艾伯克的部下抓捕，並且被艾伯克的前妻同樣用木製涼鞋毆打致死。她正式坐上蘇丹寶座的日子不過只有短短80天而已。

※2：支配埃及與敘利亞的伊斯蘭王朝。首都開羅作為貿易中心地而繁榮。他們不僅擊退了從東方入侵的蒙古軍，還進攻留存在地中海東岸的十字軍最後要衝阿卡，讓十字軍遠征以失敗告終。

領導羅馬的多情權力者

凱撒（前100～前44）

憑藉卓越的政治力和軍事指揮能力，在羅馬共和國的內部鬥爭中脫穎而出、掌握獨裁大權的，就是凱撒。因為他的關係，羅馬也開始走向邁向大帝國的康莊大道。另一方面，凱撒的生涯也因為和克麗奧佩脫拉七世之間的羅曼史等諸多戀情而顯得精彩萬分。

在雖是名門卻貧困的貴族家出生的凱撒，日後成為政治家而嶄露頭角，並於紀元前60年和龐培、克拉蘇組成三頭同盟［※1］。在那之後，因為高盧戰爭的成功而聲名大噪，凱撒因此和龐培對立，爆發了羅馬內戰。凱撒贏得了最後的勝利，掌握了獨裁權勢。此外，這時的凱撒雖然已經有妻子了，卻還是跟埃及女王克麗奧佩脫拉七世萌生了戀情。

最後不光是羅馬，凱撒就連埃及都納入自己的支配下。因為權力太過集中在他手上，這讓共和派的人們產生了危機感，因此於紀元前44年暗殺了凱撒。

愛情和金錢都很豪爽的魅力之人

凱撒的全名是蓋烏斯・尤利烏斯・凱撒。蓋烏斯是個人名、尤利烏斯是氏族名、凱撒則是家族名（姓）。他在年輕時就很受女性歡迎，據說元老院大概有3分之1的議員妻子都和他發生過關係。但是凱撒不僅只有花花公子的這一面，他還是個借錢大王。他用借來的錢當作資金投注於公共建設，因而博得了民眾的支持，提高了自己的權力。只不過，不管是女性關係也好、借錢也罷，凱撒都不曾陷入過太嚴重的麻煩處境。

當時的羅馬以纖瘦的美少年為理想的男性樣貌，但是凱撒不僅體格健壯，後來頭還禿了。他似乎對此相當苦惱，因此在成為獨裁官、獲得無論何時何地都能配戴月桂冠的特權之後，由於能遮掩禿頭，所以讓凱撒相當開心。然後他也得到了一個「禿頭花花公子」的稱呼。據說他的部下也曾喊出「丈夫們，快把妻子藏起來吧。禿頭花花公子就要從這裡通過了」之類的話語來揶揄，不過凱撒好像只是寬容地一笑置之，原諒了他們。

凱撒的名字在後來的德文中讀做「Kaiser」、在俄羅斯文中讀做「Tsar」，這些在該國都是作為表示皇帝的意義來使用。

目前仍留存在羅馬的凱撒廣場，是由凱撒所興建的公共廣場。最後凱撒的借款總額高達1300塔蘭同，這相當於足以供給10萬人以上的士兵整年開銷的國家預算。

※1：三人私下締結盟約，藉此對採行合議制的元老院進行制衡，並同時驅動國家運作。在凱撒死後，其繼承者屋大維（日後的奧古斯都[35頁]）、安東尼、雷比達組成了第二次三頭同盟。

英雄凱撒掌控了羅馬的實權！

在遠征高盧之後，又在與龐培發生的內戰中獲得勝利的凱撒，因此確立了獨裁的權力地位。雖然他在民眾那邊獲得了空前的支持，但是在極度厭惡獨裁的羅馬，也激起了共和派的反抗意識。

紀元前58年，凱撒啟程遠征高盧。雖然他逐步征服了高盧人的部族，但是維欽托利[70頁]在紀元前52年帶領高盧人掀起了大反亂，這讓凱撒一度對其大傷腦筋。不過，最後還是成功鎮壓，將高盧全土都劃為羅馬的版圖。關於這趟遠征，凱撒親自寫下了《高盧戰記》一書作為紀錄。

紀元前80年左右的羅馬領土
龐培拓展的羅馬領土
凱撒拓展的羅馬領土
高盧戰爭
西班牙
羅馬
羅馬內戰
亞細亞
迦太基
耶路撒冷
各位，骰子已被擲下！[※2]

因為遠征高盧讓凱撒樹立了威名，恰好就在這個時期，三頭同盟之一的克拉蘇戰死沙場，這讓羅馬的政治平衡開始崩塌，凱撒與龐培因此踏進不得不展開對立的局面。紀元前49年，率領高盧遠征軍的凱撒度過盧比孔河，朝羅馬進軍。後來凱撒擊敗龐培，並掃蕩他的餘黨，於紀元前45年終結了羅馬內戰。

度過盧比孔河的凱撒。該河在羅馬共和國是分隔義大利本土與屬州、作為境界線的河川，嚴禁率領軍隊渡河。

將戀愛也作為戰略運用的英雄

堪稱「英雄愛美人」代名詞般存在的凱撒，不僅原諒與妻子有染之人、只為增加自己的夥伴，還透過與克麗奧佩脫拉七世的戀情支配了埃及，將戀愛作為自身戰略的一環而巧妙活用。無論是好是壞，凱撒的戀愛關係都可說是造成羅馬歷史上諸多事件的要因。

克麗奧佩脫拉七世
凱撒

凱撒與克麗奧佩脫拉七世生下了名為凱撒里昂的孩子。雖然凱撒的女性關係複雜，但是凱撒里昂是他的第一個兒子。因此也有傳聞認為凱撒里昂的親生父親其實並不是凱撒。

發現第二任妻子龐培亞外遇的凱撒，除了和妻子離婚之外，他還以此作為把柄，將妻子的外遇對象青年克勞狄烏斯拉攏成為自己的同伴。

在羅馬內戰的期間，克麗奧佩脫拉七世也在埃及與其弟托勒密十三世發生內鬥。據說在凱撒登陸埃及的時候，克麗奧佩脫拉七世命人將自己包在地毯內運到凱撒面前以便與其密會，意圖爭取他的支持。

暗殺者布魯特斯也是愛人的孩子！？

對於凱撒手握獨裁大權而感受到強烈危機感的共和派，因此組織了暗殺隊伍。紀元前44年，凱撒在元老院的會議廳遇襲身亡。相傳當時的凱撒發現暗殺隊伍的成員中竟然有自己的心腹布魯特斯，因此高喊「布魯特斯，連你也有份嗎！」，但也有說法指出實際上他喊的是「吾子，連你也有份嗎！」。因此，據說也流傳著布魯特斯其實是凱撒與愛人所生的孩子這則傳聞。

※2：凱撒在即將度過盧比孔河時對士兵們所說的話。表示「我們開始走向了命運，現在已經無法回頭了。無論結果如何，都只能繼續前進」，展現了堅定不移的決心。

就算手握統治國家的權力，為戀愛焦慮的心也跟平常人無異

皇帝之戀

即使是位居權力頂點的皇帝，談起戀愛時也跟普通的人差不多。時常會搞得暈頭轉向，成天悲嘆不已。

6世紀時，日後成為東羅馬帝國皇帝的查士丁尼一世愛上了美麗的舞者狄奧多拉。為了跨越這層身分的障礙，查士丁尼一世修改了法律，然後兩個人便順利地結婚了。狄奧多拉也發揮了賢內助的能力，為這段婚姻更添助益。日後，查士丁尼一世成為東羅馬帝國數一數二的明君，聲名一路傳承到後世。

16世紀，鄂圖曼帝國的蘇丹（君主）蘇萊曼一世在「Harem［※1］」的女性之中，特別寵愛身為烏克蘭人奴隸的羅克塞拉娜。為了她，蘇萊曼一世打破了各式各樣的慣例與其成婚。羅克塞拉娜成為皇后以後，就被人們稱為「許蕾姆蘇丹」。

另一方面，也存在像清朝全盛期的乾隆帝那樣，即使擁有絕對的權力也無法一償所願的例子。

談起身分差別戀愛的查士丁尼一世（483～565）與狄奧多拉

東羅馬帝國的皇帝。出生在農民之家，被擔任近衛隊隊長的舅舅收為養子。後來舅舅成為查士丁一世，登上皇位，他則擔任執政官從旁輔佐政務。日後查士丁一世於527年逝世，查士丁尼一世因此登基。成為皇帝的查士丁尼一世陸續消滅汪達爾-阿蘭王國、東哥德王國，擴大了領地範圍，被世人譽為「大帝」。

狄奧多拉出身於賣藝團，後來成為舞者。她與查士丁尼一世相遇時雖然沒有丈夫，但已經有小孩了。據說她膚色白皙、個頭嬌小，五官生得端正標緻。

當時身為元老院議員的查士丁尼一世為了跨越身分阻礙與狄奧多拉成婚，甚至前去勸說自己的舅舅查士丁一世修改法律。

532年，君士坦丁堡爆發了市民暴動（尼卡暴動）。危急時刻查士丁尼一世一度準備逃亡，但是狄奧多拉力勸夫君，表示「與其逃亡，寧可身著帝衣死去」的堅定意志，這才讓查士丁尼一世轉念，最後平定了內亂。

※1：伊斯蘭世界的後宮。在伊斯蘭世界的王朝，存在將從奴隸市場購買或俘虜而來的女性奴隸送去侍奉君主的制度。但後宮的女性即使生下孩子也依舊是奴隸，鄂圖曼帝國也存在蘇丹不得與奴隸結婚的慣例。

罕見的一夫一妻。蘇萊曼一世（1494～1566）與羅克塞拉娜

鄂圖曼帝國的蘇丹。自1520年即位後，就致力於教育制度、法制、行政等領域的完善，被人們稱為「立法者」。將帝國文化帶往興隆盛世。此外，他也積極展開對外征伐，特別是1529年的維也納之圍，更是讓歐洲全土大為震撼。因為諸多活躍，蘇萊曼一世治理下的鄂圖曼帝國也一躍成為橫跨亞洲、非洲、歐洲3塊大陸的龐大帝國。

羅克塞拉娜是以奴隸身分被獻給蘇萊曼一世的。據說她雖然擁有紅色的頭髮、碧綠的眼睛、白皙的肌膚，但其實並不算是美人那一型的。不過她既聰明又惹人喜愛，蘇萊曼一世正是愛上了這些特質。

在鄂圖曼帝國，女性不被允許和蘇丹之間生下2人以上的男孩，而且還有生下男孩就要被疏遠的習慣。但是羅克塞拉娜不但生下男孩後還依舊留在蘇萊曼一世的身邊，最後甚至總計生育了5個兒子。此外，蘇萊曼一世還讓數名側室改嫁，建構了在伊斯蘭世界中極其特殊的事實上一夫一妻關係。

作為慈善事業的一環，羅克塞拉娜建設了大量的設施。特別是由建築師米馬爾．希南所興建，包含浴場、伊斯蘭學校、醫院在內的「許蕾姆複合設施群」相當有名。

寧死不從!? 乾隆帝（1711～1799）與香妃的傳說

清朝的皇帝。1735年即位之後，曾數次遠征邊境地區，讓清朝的領土擴展到最大。此外，乾隆帝也推動編纂四庫全書等文化事業，清朝也在他的統領下迎來了全盛期。1796年，他在位滿60年，因為不想超過祖父康熙帝的在位年數，因此讓位。不過，他依舊以太上皇的身分繼續經手政務。

據說香妃原是支配天山南路的首長霍集占的妻子。因為乾隆帝遠征，導致霍集占戰死後，香妃也一起被帶回了北京。相傳她容貌美麗，身體還會散發出獨特的香氣，因此得名。

乾隆帝一直想讓帶回北京的香妃成為自己的人，但不管使出懷柔還是威逼的手段，香妃總是身懷短劍、拒絕皇帝靠近。乾隆帝的母親因為擔心兒子的安危，於是便命香妃自盡。後來香妃上吊結束了生命，據說其遺體依舊散發出香氣。

傳說為了維持香氣，香妃每天都要用駱駝奶沐浴。只不過，關於她是不是真實存在的人物也流傳著各種不同的說法[※2]。

※2：雖然香妃被認為是架空的人物，但也有觀點認為乾隆帝的美人側室容妃就是她的原型。

名留歷史之人的偉大純愛

英雄死心塌地的戀情

能跨越漫長的歷史被代代相傳的，還有英雄們那死心塌地的戀情。

說到以悲劇收場的英雄之愛，就必須要提起在舊約聖經裡登場的怪力士師〔※1〕參孫的傳說。參孫屢次擊退敵對的非利士人，但後來卻把自己力大無窮的祕密告訴了心愛的女子德里拉，結果卻遭到她的背叛。參孫因此失去力量，被非利士人抓住了。

即使是在政治婚姻等同於常識的歐洲，18世紀的奧地利女大公瑪麗亞·特蕾莎卻是透過當時相當稀奇的戀愛結婚與法蘭茲一世結為連理。法蘭茲一世後來成為神聖羅馬帝國皇帝，但操盤政務的工作主要是由瑪麗亞·特蕾莎擔綱，以事實上的女帝之姿君臨國家。

日本幕末時期的志士高杉晉作也有一個名為「おうの」（OUNO）的情人。她一直跟隨著高杉晉作，直到他過世才削髮為尼。終其一生都在守護她與高杉晉作之間的回憶。

被戀人出賣而失去怪力的**參孫**（舊約聖經）

古代以色列的戰士，擁有一身神奇的怪力。他愛上了名叫德里拉的女性，還將自己力量的來源就在於頭髮的祕密說了出來。沒想到德里拉其實已經被敵人非利士人收買了。她趁著參孫睡覺時剪去頭髮，於是失去力量的參孫就被敵人擄獲。他被弄瞎了雙眼，關入牢房之中。後來參孫向神明請求恢復自己的怪力，並成功破壞了非利士人的神殿，讓許多敵人因此喪命，但最後自己也死在崩塌的建築物之中。

參孫出生之前，因久久未能生育而苦惱的母親曾獲天使告知「你所生的孩子不能剪髮」。因此一直留長的頭髮就成了怪力的來源。
參孫這個名字代表「太陽的（人）」、「侍奉（神）的人」。此外，據說德里拉這個名字則是代表了「弱化」的意思。
參孫手持驢子的下顎骨作為武器，擁有能夠一口氣殺光1000名非利士人的超凡力量。
參孫
德里拉
參孫和德里拉的故事也成為繪畫、音樂、戲劇、電影等各式各樣藝術創作的題材。

※1：受神派遣的軍事領導者，前來帶領悔改的以色列人民。他們率領民眾打敗異民族，讓迦南得以恢復和平。除了參孫以外，舊約聖經裡還記載了其他11位士師的名字。

人丁興旺的慈愛女帝瑪麗亞・特蕾莎（1717～1780）

奧地利哈布斯堡家族的女性君主。她在1736年與法蘭茲一世結婚、1740年繼承了哈布斯堡家族領袖之位，即位奧地利女大公、波希米亞女王、匈牙利女王。在那之後，她帶領國家在與普魯士展開的奧地利繼承戰爭及七年戰爭[125頁]等戰事中奮戰，以女帝的身分持續統治廣大的領土。

瑪麗亞・特蕾莎在6歲時於維也納的宮廷認識了年長她9歲的法蘭茲一世，就此墜入了愛河。夫妻倆在20年內總共孕育了16個孩子，也就是說，她幾乎沒有非懷孕的時期。順帶一提，他們的第15個孩子（第11女）就是那位有名的瑪麗・安東妮[※2]。

相傳法蘭茲一世在1765年去世後，瑪麗亞・特蕾莎在往後的人生都身著喪服，過世時換上的禮服袍也是丈夫的遺物。她的遺體與法蘭茲一世一起被安葬在位於維也納的哈布斯堡家卡普齊納墓穴（皇家墓穴）。

深愛幕末志士高山晉作（1839～1867）的おうの（1843～1909）

高山晉作是長州藩士，也是尊皇派的志士。他曾在吉田松陰的松下村塾學習，並於1862年領藩命遠渡上海，觀察西方列強侵略亞洲的實際情況。歸國後，他組織了以農民和城鎮居民為主的軍隊組織，名為奇兵隊。他在長州藩於第一次長州征伐中落敗後逃亡，但後來回歸。後來他在第二次長州征伐中擊破幕府軍，相當活躍，但卻在明治維新開始之前就因為肺結核而病逝。

おうの原本是下關的藝妓，據說是在1863年左右與高杉晉作相遇，性格順從且拘謹。高杉晉作在1865年因為藩內糾紛而逃往四國時，おうの也有同行，總是陪伴在他的身邊。

高杉晉作過世後，おうの剃髮出家，更名谷梅處。她的後半生都在守著高杉晉作的墓，自己的墓也陪伴在他的墓旁邊。其實高杉晉作有一位正室妻子，乃是長州藩町奉行之女雅。在高杉死後，おうの和雅也一直維持著往來。

※2：1770年，她成為法國皇太子（日後的路易十六）的妻子，並於1774年成為王后。就在皇室處於民眾支持度低迷的艱困處境時，法國大革命於1789年爆發了。1791年，她與法王路易十六打算逃往奧地利卻沒有成功，最後於1793年被處刑。

行爲不道德的英雄

錯綜複雜的醜聞無論今昔都會成為話題

自古以來，不倫騷動無論在哪個國家都是很常見的事情。既然有因為愛情而死心塌地的英雄，有犯下不道德私通行為的英雄存在也並非什麼稀奇之事。那樣的悲喜劇與現代相比，幾乎沒有什麼改變。

紀元前11～前10世紀，古代以色列王國的大衛王就和旗下將軍烏利亞的妻子拔示巴發生了不倫關係，最後甚至還將烏利亞送上戰場的最前線，導致他戰死沙場。傳說這個行為觸怒了神，大衛王一家因此走入了崩壞的局面。

17～18世紀的英國軍人約翰・邱吉爾因為其姊是英格蘭國王的愛人而掌握了出人頭地的契機，而且其妻子跟女王私交甚篤到甚至被人傳聞是同性戀的親密程度，於是他鯉躍龍門，振興了馬爾博羅公爵家。除此之外，英國海軍的英雄霍雷肖・納爾遜也和貴族夫人發生了不倫戀情。他於1805年的特拉法加海戰中戰死，據說最後的遺言還是在掛念著不倫的對象。

奪走家臣妻子的國王

大衛王（前1040～前961）

古代以色列王國的國王。原本是個牧羊人，因為用投石打倒非利士人陣營的巨人歌利亞而建立了威名，之後與掃羅王之女米甲結婚。後來他在掃羅王戰死後登上了王位，陸續征服周邊的國家，建立了從埃及銜接到幼發拉底河的廣大版圖。

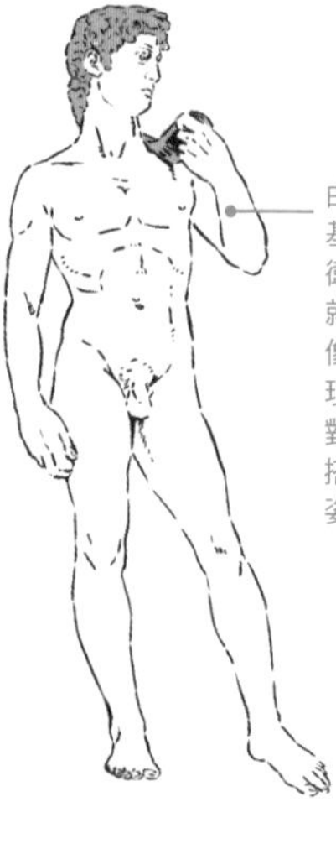

由知名的米開朗基羅所製作的大衛像，其模特兒就是大衛王。雕像的樣貌是在表現與巨人歌利亞對峙、將投石索搭在肩上的準備姿勢。

圖中的裸體美女就是拔示巴。大衛王與拔示巴所生下的第二個孩子，就是日後將古代以色列王國帶向全盛期的所羅門王[※]。

看著拔示巴沐浴的大衛王。這場不倫戀的結果，就是長男暗嫩侵犯了異母妹他瑪，他瑪的血親兄長押沙龍得知這件事後，便設局殺害暗嫩，之後甚至還對父親大衛王發起叛亂。

※：大衛王之子所羅門王作為賢明的君主而為人所知，他振興貿易，建構了以色列王國的全盛時期。然而另一方面，他允許從各國嫁來的妃子們保留原本的信仰，這也讓偶像崇拜被帶入了以色列。

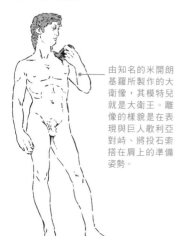

將愛人作為出人頭地踏腳石的約翰・邱吉爾（1650～1722）

英格蘭軍人。其姊阿拉貝拉是約克公爵詹姆士的愛人，他自己也成為約克公爵的近側。之後約克公爵作為詹姆士二世即位英格蘭國王，約翰・邱吉爾也被授予了男爵爵位。日後，他被封為馬爾博羅伯爵。1702年，因為與妻子莎拉關係密切的安妮女王即位，他被任命為西班牙繼承戰爭的對法聯合軍司令官，爵位也從伯爵升至公爵。

雖然約翰・邱吉爾利用周邊的愛人（不倫）關係一路往上爬，但是他的軍事才華也非常出色。憑藉重視機動性的戰術，建立了許多可觀的戰功。除此之外，據說他還身懷站在最前線領軍的勇氣。

雖然約翰・邱吉爾因為姊姊成為詹姆士二世的愛人而掌握出人頭地的機會，但據說他也和查理二世的愛人芭芭拉・帕門爾建立了戀愛關係。他的知名子孫有日後的英國首相溫斯頓・邱吉爾和黛安娜王妃。

死前仍掛心愛人的霍雷肖・納爾遜（1758～1805）

英國海軍軍人。12歲時就入伍，到了20歲便擔任艦長職務。1798年，他在阿布吉爾灣擊敗拿破崙[78頁]的海軍，因此一戰成名。同年，他陷入了與英國大使漢密爾頓爵士的夫人艾瑪・漢密爾頓之間的不倫關係。因為霍雷肖・納爾遜也有家室，因此這段關係甚至成了登上報紙報導的醜聞。1805年，他參與特拉法加海戰時搭乘的勝利號戰艦被法西聯合艦隊擊破，於這場戰事中陣亡。

霍雷肖・納爾遜與艾瑪生下了一個女兒霍雷西婭，這也是他的第一個孩子。他曾經在遺囑中請求國家要照顧艾瑪與霍雷西婭的生活，臨終時還囑咐部下不要捨棄艾瑪母女倆。但是在霍雷肖・納爾遜陣亡後，艾瑪的生活也陷入了困境。

霍雷肖・納爾遜在1794年的卡爾維戰役中失去了右眼視力，後來又在1797年的特內里費島攻略戰中失去了右手臂，成為獨眼獨臂的狀態。

從鐵匠之女變成貴族夫人

霍雷肖・納爾遜的不倫對象艾瑪原本是貧困鐵匠家的女兒，但是她的美貌也讓她擁有豐富的男女關係經驗。後來在26歲時成為年紀已滿60歲的貴族威廉・漢密爾頓爵士之妻。

神話中也有很多走向BAD END的戀情

拋棄戀人的英雄

拋棄配偶或戀人不僅在現實世界中是很常發生的事情，在神話傳說裡頭也頻繁地出現。

希臘神話的英雄伊阿宋借助女巫美狄亞的力量取回了金羊毛皮，之後兩個人也結為連理，生下了孩子。然而，因為伊阿宋後來卻打算與其他的年輕女性結婚，這讓美狄亞勃然大怒，最後竟然殺害了自己的孩子與伊阿宋的那位結婚對象。

特洛伊的英雄艾尼亞斯因為祖國在特洛伊戰爭［52頁］中落敗，展開了浪跡天涯的旅程。他在途中愛上了迦太基的女王蒂朵，不過之後還是因為建設新國家的使命而捨棄了這位對象。

印度的重要史詩《羅摩衍那》的主角羅摩，也是擁有類似處境的英雄。他曾經歷千辛萬苦才將被羅剎王羅波那擄走的公主悉多救回，卻因為臣子和國民都質疑悉多是否仍為清白之身，最後放棄了這段感情。

英雄有時會像這樣顯露無情的一面。竟然能從他們身上感受到盤算與世故，還真是令人意外。

被冷酷的女巫給迷住的伊阿宋（希臘神話）

伊阿宋是希臘神話的英雄。雖然以愛俄爾卡斯王之子的身分誕生，卻因為父親的王位被叔叔珀利阿斯篡奪，因而在半人馬族的賢者凱隆的身邊被養育長大。他在成年後返回母國，要求叔叔歸還王位。作為條件，珀利阿斯要求伊阿宋到遠在黑海盡頭的科爾基斯取回金羊毛皮。他在兼具女巫與科爾基斯公主身分的美狄亞協助下通過了這道難關，並帶著佳人一同返國。但最後卻因故遺棄對方，導致了悲劇的發生。

美狄亞是太陽神赫利俄斯的孫女、女巫喀耳刻的姪女。和伊阿宋分開後，她與雅典國王埃勾斯成婚，並籌畫殺害英雄忒修斯。

為了拿回金羊毛皮，伊阿宋經歷了讓口吐烈火的公牛耕田、與龍牙變成的戰士們戰鬥等多道難題的考驗[※1]。而且，最後金羊毛皮還是被一頭不會睡覺的龍看守著。

※1：伊阿宋前往科爾基斯的冒險過程就是極富盛名的「阿爾戈英雄」歷險。海克力斯[137頁]、雙胞胎勇士卡斯托和波路克斯、豎琴名手奧菲斯等人都集結在伊阿宋身邊，一群人搭乘名為阿爾戈號的船舶，克服了旅途中的各種苦難。

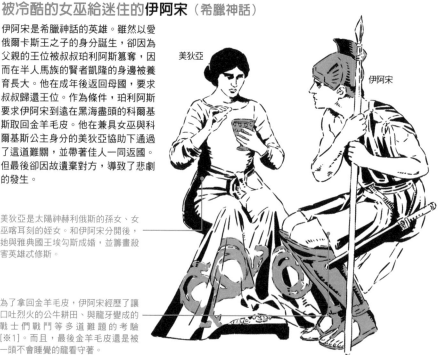

宿敵國家的先祖是前任情侶!? 艾尼亞斯(羅馬神話)

在希臘神話和羅馬神話都有登場的英雄。他是特洛伊方的戰士，作為僅次於赫克托爾的猛將在特洛伊戰爭中活躍。因為最終祖國因戰敗而滅亡，為了創建新的特洛伊，艾尼亞斯踏上了流浪的旅程。旅途中，他遇見了迦太基的女王蒂朵，兩人原本打算結婚，但因為再興特洛伊的使命未盡，艾尼亞斯只好拋下蒂朵繼續自己的旅行。後來他登陸義大利半島，與拉丁人之王的女兒拉維尼亞結婚，並建設了名為「拉維尼姆」的城市。據說這個拉維尼姆就是日後的羅馬。

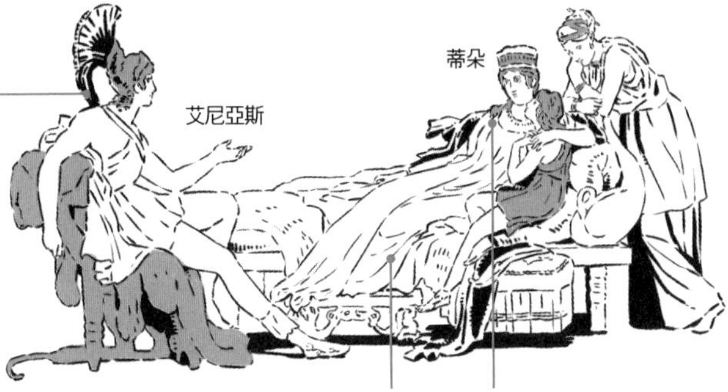

艾尼亞斯的父母是特洛伊王之子安基塞斯王子與美神阿芙蘿黛蒂。相傳他是由寧芙養育長大的。特洛伊戰爭期間，他與希臘軍英雄狄俄墨德斯單挑落敗時被母親阿芙蘿黛蒂救走、與阿基里斯戰鬥時則是阿波羅伸出了援手。

蒂朵是腓尼基都市國家泰爾的公主，因為丈夫被弟弟畢馬龍殺害而逃往利比亞，建立了在布匿戰爭[132頁]等戰事中成為羅馬宿敵的國家，也就是迦太基。

據說艾尼亞斯離去後，絕望的蒂朵因此悲憤自盡。

因為不相信妻子而失去愛情的羅摩(印度神話)

拘薩羅國的王子，毗濕奴[※2]的第七個化身。其妻子是遮那竭王的女兒悉多。因為悉多被羅剎王羅波那抓走，於是羅摩借助神猴哈奴曼的力量與羅波那展開激戰，最後打倒對手救回了妻子。在那之後，羅摩登上拘薩羅國的王位，但臣民之間質疑悉多貞潔的聲浪卻甚囂塵上，最後羅摩只好與她離異。

後世認為悉多是個原本就固守貞潔，但是為了丈夫的名譽才自我犧牲的女性。她也被譽為是印度女性的典範。

羅摩的武器是毗濕奴神的弓「Sharanga」，據說搭配的箭筒無論抽出多少箭矢，數量都不會減少。

當悉多受到臣民的質疑時，她跳進火中為證明自己的純潔，但是還是沒有消除眾人的疑慮。被羅摩拋棄後，悉多生下羅摩的雙胞胎兒子(俱舍和羅婆)，接著便消失在大地的裂縫之中。

※2：印度教中負責維持世界的神，與濕婆、梵天並列的三大神之一。包含羅摩在內，一共擁有12種化身，相傳會變化成各種姿態以拯救世界。

column

英雄們的花絮④

被悲戀妝點的英雄傳說

悲戀或不正當的戀情等戀愛要素，可說是英雄故事不可欠缺的點綴。各式各樣神話或傳說中的英雄們，談起的戀愛都令人印象深刻。

在凱爾特神話中登場的芬恩．麥克庫爾是費奧納騎士團的團長，也是位立下諸多戰功的英雄。

但是他的後半生，卻因為愛情而備受煎熬。妻子已經過世的芬恩．麥克庫爾雖然年紀不小了，卻還是準備和名為格蘭妮的美女再婚。

然而，之後格蘭妮卻和騎士團的年輕騎士迪爾姆德私奔了。因嫉妒而暴怒的芬恩．麥克庫爾動員騎士團展開追捕兩人的行動。後來他假裝要和解，讓迪爾姆德落入陷阱受了重傷，並且選擇見死不救以作為報復。

雖然芬恩．麥克庫爾在迪爾姆德死後與格蘭妮結婚了，但是垂垂老矣的他已經失去了騎士們的信賴。

因老年的戀情讓騎士團分崩離析的芬恩．麥克庫爾（凱爾特神話）

中世歐洲有個廣為流傳的悲戀騎士故事《崔斯坦與伊索德》。

崔斯坦是侍奉英格蘭康瓦爾的馬克王的騎士。他擔任王的求婚使者前去迎接愛爾蘭的公主伊索德，但兩人卻在歸途的船中不慎吃下春藥而陷入了熱戀。

回國後，他們背著馬克王讓不倫的愛苗繼續滋長，可是最後還是曝光了。崔斯坦因此被流放。後來，他受了瀕死的重傷，沒有等到伊索德就死去了。好不容易趕到的伊索德最後便抱著愛人的遺體自盡。

圓桌騎士[105頁]崔斯坦因為與伊索德的悲戀而廣為人知（亞瑟王傳說）

說起日本神話或傳說中著名的悲戀，應該就是日本武尊與他的妃子弟橘媛的故事了。

身為景行天皇皇子的日本武尊在展開東征時，途中要渡海前往房總半島，卻因為海神掀起的風浪讓船舶動彈不得。就在這個時候，與日本武尊同行的弟橘媛自願作為活祭品，投水自盡。結果風浪真的平息，日本武尊才得以繼續前進。

後來結束東征踏上返國之路的日本武尊途經足柄峠（或碓冰峠）時，因為想起弟橘媛的事而感嘆說出「吾妻啊」（あづまはや，ADUMAHAYA）。在此之後，據說人們便把東國稱為「あづま」。

作為平定全國的英雄而聲名遠播的日本武尊（日本神話）

5章

擁有無與倫比特技的英雄

英雄也並非人人都是萬能型的人物。在這一章，我們會介紹許多像「攻城名手」、「弓箭名手」、「逃跑高手」等特別擅長某種技能的英雄們。如果讓古今東西的英雄們在同一個領域中競爭，究竟會誰勝誰負呢？光是想像這些事情，就可說是學習歷史的醍醐味之一呢。

熱愛美食與學問的開明專制君主

腓特烈二世（大帝）（1712～1786）

18世紀，普魯士國王腓特烈二世接連在奧地利王位繼承戰爭和七年戰爭中取勝，擴張了領土。他接著整備軍隊與官僚制度，並振興商業，帶領普魯士走上成為大國之路。他也因為諸多偉大的功績而被世人稱為「腓特烈大帝」。

可是相較於這些功績，腓特烈二世作為熱愛哲學與藝術的國王這一面還更為人津津樂道，大家給他的另一個稱呼就是「哲人王」。他在1750年招募了哲學家，並與其展開密切的交流一事也非常出名。另外像是針對標榜「政治不需要道德」的16世紀義大利思想家馬基維利之著作《君王論》展開批判一事，也能從中窺見腓特烈二世的立場。

正因為是如此開明的君主，腓特烈二世逐步實現了在當時顯得相當嶄新的政策，像是保障言論自由、貫徹法律支配、廢止拷問等等。這一連串的政策，都獲得了後世相當高的評價。

成為開明專制君主典型的「哲人王」

腓特烈二世被評為是開明專制君主的典型。所謂的開明專制君主，就是指君主雖然握有絕對的權力，但君主也是國家的機關之一，為了人民而奉獻這個權力才是作為君主應有的樣貌。腓特烈二世也自稱是「國家第一的僕人」。

腓特烈二世的父親腓特烈．威廉一世是個性格暴躁的人，被人們稱為「士兵王」。年輕時的腓特烈二世曾試圖和友人一同逃往法國，不過後來兩人都被抓獲，友人甚至還在他的面前被處刑。據說從此以後，腓特烈二世表面上就裝出順從父親的樣子。

傳說腓特烈二世是個每餐都要吃好幾盤料理的美食家，喜歡的東西是櫻桃。當他的櫻桃被麻雀給吃光的時候，盛怒的他下令驅逐撲殺數十萬隻的麻雀。但因為天敵消失的關係，出現了大量的毛毛蟲，讓櫻桃蒙受莫大的損害。這位國王反省之後，便轉為執行保護鳥類的政策。

職業等級的長笛技巧

腓特烈二世從青年時期就接觸音樂，據聞長笛的技巧堪稱職業級。他也會自己作曲，創作了超過100首的長笛奏鳴曲與協奏曲，現在那些作品仍會在音樂會等場合登場。除此之外，有一說認為普魯士軍的《霍恩弗里德伯格進行曲》作曲者也是腓特烈二世。

以父親為負面教材，進而推行改革

腓特烈二世即位之後便陸續推行開明的政策。有觀點認為這是他對父親腓特烈．威廉一世那種強硬且暴力的性格所做出的反抗，希望自己能成為與父親截然不同的君主。

諸多開明的政策

①即位後立即下達禁止拷問的命令，同時也廢止新聞審核，推行許多保障自由的政策[※]。

②當他得知百姓正為食材價格高漲所苦後，就以便宜的價格提供國家儲備糧食，並廢止了施加於食材的間接稅（相當於現今的消費稅）。

③為了緩和天主教與新教的宗教對立而發布宗教寬容令，宣言「寬容看待所有的宗教」。

德式炒馬鈴薯（Bratkartoffeln）是德國知名的傳統料理。是一款只要把小馬鈴薯去皮後直接翻炒的簡單菜餚。

馬鈴薯在德國是一種很常吃的主食，率先帶起食用習慣的就是腓特烈二世。為了讓農民的生活趨於安定，他將注意力轉到了在寒冷氣候也容易栽培的馬鈴薯，並且免費提供塊莖給農民栽種。後來他於1756年發布了《馬鈴薯法令》，不僅分配宣導小冊，還強制大家都要種植。

作為軍人也很有才華的大帝

不僅是哲學和藝術層面，腓特烈二世作為軍事戰略家的能力也很高。他也是最獲拿破崙[78頁]好評的軍人之一。除此之外，克勞賽維茲也在著作《戰爭論》中讚譽腓特烈二世是一位軍事天才。日本的陸軍中將石原莞爾也在其作品《戰爭史大觀》裡大讚「腓特烈大帝是這個時代用兵術發展的頂點」。

1758年8月，時值七年戰爭中的曹恩道夫戰役期間，因為發現我方出現疲態，腓特烈二世親自執起聯隊旗幟走在隊伍前方。此舉振奮了將兵的士氣。

與3位女性的戰爭

腓特烈二世的生涯曾經和3位女性交戰過。其一是奧地利女大公、實質上的神聖羅馬帝國皇帝瑪麗亞．特蕾莎[117頁]；其二是俄羅斯女帝伊莉莎白；其三是法國國王路易十五的愛人、掌握宮廷實權的龐巴度侯爵夫人。特別是在七年戰爭時，3人在龐巴度侯爵夫人的籌劃下結成同盟，將普魯士逼入了相當危險的狀態。

瑪麗亞．特蕾莎（奧地利）
奧地利女大公，也是哈布斯堡家之主，以奪回被普魯士搶走的領土為目標。大帝曾在私底下稱她為「教皇的女巫」，關係日漸險惡。

伊莉莎白（俄羅斯）
俄羅斯羅曼諾夫王朝的女帝。大帝很討厭她，還幫她取了「北方山貓」這個綽號。然而，她的繼任者彼得三世[108頁]卻很崇拜大帝。

龐巴度侯爵夫人（法國）
路易十五的官方情人。因為她的母親是賣魚的，大帝還因此輕蔑地稱呼她為「魚小姐」（Mademoiselle Poisson）。

※：據說廢止審核是哲學家伏爾泰所提出的建言。

掌握了改變歷史的大戰命運

宰制決戰的名將

有時候一場戰爭，就足以成為歷史的分歧點。與此同時，在戰事的背後，肯定會有能夠宰制決戰的名將在活躍著。

1683年，由鄂圖曼帝國發動的維也納之戰迫使神聖羅馬帝國皇帝不得不避難，而維也納承受了2個月的攻擊與包圍，已經面臨陷落的危機了。就在這個時候，波蘭國王揚三世・索別斯基率軍前來救援。他的到來驅散了鄂圖曼帝國軍隊，也將歐洲從伊斯蘭勢力的威脅中解放出來。

1812年，俄羅斯將軍庫圖佐夫以大膽的戰略擊敗毅然決然發起俄羅斯遠征行動的拿破崙［78頁］。同時，這場敗北也成為拿破崙政治氣數凋零的起點。後來拿破崙為求東山再起而挑起了滑鐵盧戰役，但是英國將軍威靈頓公爵徹底擊敗法軍，讓拿破崙的野心就此破滅。

以上提到的這幾個人物，都是憑藉軍事戰略就改變歷史的英雄們。

指揮騎兵於戰場活躍的**揚三世・索別斯基**（1629～1696）

波蘭國王。地方名門出身，在長大成人後從軍。他在1668年當上司令官，因為數次與鄂圖曼帝國作戰而建立了戰功，後來在1674年被推舉為國王。兩年後，他取回了被鄂圖曼帝國奪走的烏克蘭一帶領土。1683年，當鄂圖曼帝國出兵包圍維也納的時候，他也率軍遠征擊敗了對手，並且從伊斯蘭勢力的手中守護了基督教信仰圈，其名聲響徹了歐洲。

揚三世・索別斯基在17歲時與兄長一同在2年內遊歷了歐洲各國，磨練出對國際情勢的敏銳度。此外，據說他還能流暢地使用法語、德語、義大利語、拉丁語等語言。

有翅膀的騎兵

擊退鄂圖曼帝國的原動力，就是由波蘭騎兵部隊所展開的突擊行動。這是一支在背後裝備宛如翅膀裝飾、被稱為「翼騎兵」（hussar）的精銳部隊，其表現手法乃是為了讓看到的人聯想他們是「前來懲罰土耳其人的天使」。

實現對拿破崙復仇的**庫圖佐夫**（1745～1813）

俄羅斯軍人。1805年擔任俄羅斯的總司令官，於同年在奧斯特里茲戰役敗於拿破崙之手。他也因此一度被貶官，但又因為1811年與鄂圖曼帝國之間的戰事而再次被召回擔任總司令官。

隔年，拿破崙的軍隊入侵俄羅斯，當時統率俄羅斯軍隊的庫圖佐夫直接避開戰鬥，選擇暫時撤退。接著，他使出在莫斯科放火並棄守的奇策，這讓陷入軍糧不足困境的拿破崙最後也不得不選擇撤退。

庫圖佐夫在1774年與鄂圖曼帝國的戰鬥中失去了右眼。他在托爾斯泰的小說作品《戰爭與和平》中也作為主要角色登場。

庫圖佐夫對拿破崙使用的策略乃是焦土作戰。這是一種摧毀自家領土使其焦土化、讓對手更加深入領地範圍內的戰術。除了莫斯科以外，他們還燒毀了斯摩棱斯克。

讓拿破崙的天下崩解的**威靈頓公爵**（1769～1852）

英國軍人。1787年作為步兵少尉加入陸軍，參與了法國大革命。他在日後的印度征服戰中立下戰功，於1808年起擔任軍隊司令官參與對拿破崙的戰爭。主要致力於西班牙、葡萄牙的防衛。

1815年，拿破崙逃出流放地厄爾巴島，再次回歸皇帝大位，但是拿破崙的軍隊卻在後來的滑鐵盧戰役被威靈頓公爵與普魯士軍等擊敗。因為這場勝利，拿破崙持續了15年的歐洲支配也就此宣告完全終結。

特徵是鷹勾鼻，所以得到了「大鼻子」這個綽號的威靈頓公爵在戰術方面擅長慎重的防守戰。此外他不僅是個軍人，也是隸屬於托利黨[※]的政治家，後來也擔任了英國首相一職。

一般說法都稱呼他為威靈頓公爵，但這個名字其實是來自於他的威靈頓公爵爵位，本名則是阿瑟·威爾斯利。

滑鐵盧戰役

威靈頓公爵會將橫隊隱藏在山丘稜線的後方，然後不給突進的敵軍縱隊展開成橫隊的機會，發動奇襲式射擊，擊破了敵軍。這是他非常擅長的戰術。滑鐵盧戰役中，他也在終盤局面用上了這套戰法，打得法國皇帝親衛隊因此潰散。

※：托利黨是由英國國教會的神職人員和保守派支持者所組成的政黨，後來發展成為保守黨。相對於此，由進步派的貴族和工商業者為基礎支持者的輝格黨就是自由黨的前身。這兩個政黨是當時英國議會的兩大政黨。

攻城的名手

對要塞瞭如指掌的戰略家

一般的觀點會認為，「想要攻城，就必須準備守備方3倍的兵力」。若是打算攻陷防禦固若金湯的城池，就是這麼困難的一件事。只不過，還是有一群被譽為攻城名手的英雄存在。

談到其始祖，就是希臘神話的英雄奧德修斯了。他在特洛伊戰爭時構思出的木馬作戰，日後也作為巧妙潛入以及破壞工作的代名詞而廣為人知。

如果要舉出日本歷史中擅長攻城的英雄，那肯定得提一下戰國時代的豐臣秀吉了。秀吉追求的是避免我方人力折損的戰術，因此一旦適逢最好的時機，他就會毫不吝惜地運用軍資金、果斷地大興土木工程。執行修築包圍整座城池的土壘、防柵等策略，藉此讓敵軍斷糧或是發動水淹戰術。

時空來到近世歐洲，還有位17世紀的法國軍人兼築城家沃邦。不僅沒有城池能夠抵擋得住他的進攻，他還是完成在日本也因為五稜郭而聞名的稜堡式要塞樣式的人物。

神話時代的頭腦派人物**奧德修斯**（希臘神話）

伊塔卡之王。當特洛伊戰爭爆發時，他也作為希臘方的英雄參戰。後來他想出的特洛伊木馬計謀成功讓特洛伊陷落，也讓他成為希臘軍獲勝的大功臣。只不過在戰爭結束後，他於返國途中惹怒了海神波賽頓，因此陷入不得不踏上艱辛流浪之旅的處境。等到奧德修斯終於回到故鄉，已經是戰爭結束10年後的事了。

奧德修斯在希臘神話的英雄之中，也是罕見不以勇猛的戰鬥為主，而是以智慧取勝見長的英雄。被人們稱為「足智多謀的奧德修斯」。

特洛伊戰爭結束後，奧德修斯在返回祖國的航海過程中惹怒了海神波賽頓，因而踏上一段艱辛的旅程。他接連擺脫獨眼巨人賽克洛普斯以及海妖賽蓮的襲擊等諸多苦難之後，才終於回到了故鄉伊塔卡。奧德修斯的這段冒險歷程也被描寫在荷馬[※1]的史詩作品《奧德賽》裡面。

特洛伊木馬

奧德修斯命人打造一具能讓士兵躲在裡面的巨型木馬。然後將木馬推到特洛伊城門前，並且讓其餘的希臘軍先撤退。特洛伊人見狀認為自軍贏得了戰爭，便開門將木馬推進城內，舉辦盛大的慶祝宴會。就在特洛伊士兵於夜晚沉沉睡去之後，躲在木馬體內的希臘軍悄悄地鑽出來，引導城外的希臘軍入城。他們在特洛伊城內發動突襲，讓這座城陷入了一場大混亂，最後滅城。

※1：據說《奧德賽》的作者、編者是荷馬。他是一個活躍於紀元前8世紀末的盲眼詩人，其他像是描述英雄在特洛伊戰爭中活躍的史詩《伊利亞德》也是出自他之手。

進行大膽工程以確保人力資源優先的**豐臣秀吉**（1537～1598）

日本戰國時代的武將。據說是出生在尾張的下層人家，但出身細節並不明確。1554年左右，他擔任織田信長[90頁]的侍從，日後逐漸受到重用，並於1573年成為長濱城城主。在秀吉奉信長的命令征伐中國地區的時候，本能寺之變爆發了。秀吉立刻折返回京都，討伐了叛變的明智光秀，接下來又擊敗了柴田勝家，確立了自己作為信長後繼者的地位。在那之後，他陸續征伐四國地區和九州地區，並於1590年消滅了小田原北條氏的勢力，實現了統一天下的目標。

為了減少我方人員的犧牲，在攻城的時候運用包圍城池的斷糧戰術是秀吉經常採用的手法。此外，秀吉也會善用各式各樣的計謀與戰術。例如他在進攻備中高松城和紀州的太田城時就採用了水攻戰術，於城池周圍築起堤防，然後引入河水來淹沒整座城。

因為臉長得很像猴子，所以秀吉也被人冠上「猿面冠者」的綽號。除此之外，在信長寫給秀吉妻子寧寧的信件中，也能看到稱呼他「禿鼠」的描寫。

根據傳教士路易士．佛洛伊斯所著的《日本史》記載，秀吉的右手長有6根手指。

實踐築城研究的第一人**沃邦**（1633～1707）

法國軍人兼築城家。出生在小貴族之家，但是10歲時就成了孤兒。15歲以後，他參加了反抗王權擴張的投石黨之亂。沃邦在內亂鎮壓後被捕，不過他的才華受到認可，因此來到路易十四身邊以技術將校的身分服務。從此以後，他建設了超過30座要塞、指揮了50場以上的攻城戰。後來因為立下了這些罕見的功績，他在1667年成為築城司令官，並於1703年當上了元帥。

建築城塞的名家

他將築城技術科學體系化，完成了稜堡式要塞[※2]的結構。位於法國國境線上的12處要塞建築物與遺跡群，全都是出自於沃邦之手，並且在2008年被登錄為世界遺產。

性格高潔，就連路易十四的政策也能毫不在意地批判。同時具備經濟學者這一面貌的沃邦不僅批評當時法國的經濟政策，還出版了論證應該因應收入均等課稅的《王室的什一稅》。這些舉動讓路易十四大為光火，不但禁止他的書出版，還逼迫他引退。

年幼時期就成了孤兒，所以他在教會的援助下接受了高等教育，學會了數學、幾何學、理學等專業知識。

※2：將堀或曲輪等部分蓋成星星形狀的築城方式，也被稱為星形要塞。會在沒有攻擊死角的5個角的尖端（稜堡）各自配置砲台和士兵。在15世紀後半期首先於義大利實踐，由沃邦所確立。

不僅是一時的戰局，甚至顛覆戰爭常識的高手

創造出新戰術的英雄

到底該怎麼擊破敵軍呢？領兵作戰的將領們都把一切賭在這件事之上。即使靠某套戰術支配了戰場，但接下來又會有破解該戰術的革新戰術登場，讓戰術持續地進化。

古希臘城邦國家底比斯的將軍伊巴密濃達，就靠著名為「斜線陣［※1］」的新穎戰術擊敗了被譽為當時最強悍的斯巴達軍隊。

14世紀時，英格蘭王國的皇太子、也就是有著「黑太子」別稱的愛德華，也在百年戰爭時率領農民出身的長弓兵部隊戰勝法蘭西引以為傲的重裝騎士部隊，對於往後的戰爭帶來了相當大的影響。

在15世紀的胡斯戰爭中，胡斯派的領導者揚·傑式卡藉由將步兵、騎兵、砲兵合為一體來運用的嶄新戰術，對天主教勢力造成莫大的損傷。

他們的戰術被後世視為模範。時至今日，其中還有一些內容依舊被視為戰術的基礎。要說這是只授予這些戰場天才們的名譽，應該也不為過吧。

巧妙配置戰力的伊巴密濃達（前418左右～前362）

底比斯的將軍。紀元前371年，他在留克特拉戰役採行「斜線陣」，擊敗了被稱為當時希臘最強戰力的斯巴達軍隊。紀元前362年，他再次領兵於曼蒂尼亞戰役戰勝斯巴達，但最後卻不幸陣亡了。據說當時在底比斯當人質的馬其頓之主腓力二世[53頁]學習了伊巴密濃達所構思的戰術，日後還傳承給他的兒子亞歷山大大帝[14頁]。

留克特拉戰役中，伊巴密濃達使用了將重裝步兵兵力集中在左翼、以擊垮敵軍隊形的斜線陣，大敗斯巴達的軍隊。

伊巴密濃達的好友，同時也是底比斯的政治家兼將軍派洛皮德為了援助伊巴密濃達的本隊，率領名為「底比斯聖隊」的300人部隊前去作戰，獲得了很可觀的戰果。這支部隊是由150對、總計300名男性的同性伴侶所組成。為了守護心愛的人、同時也為了不在愛人面前露出怯懦的一面，他們會因此奮勇作戰，並以此聞名。

※1：因為是以左手持盾牌的關係，古希臘的密集陣形「方陣」[15頁]的最右側士兵的右側面是毫無防備的狀態，所以最右側的地方會編排精銳的強兵。因此，伊巴密濃達強化自軍的左翼，採取先將斯巴達軍右翼擊潰的戰術。

領導長弓兵、不知戰敗為何物的**黑太子愛德華**（1330～1376）

他是英格蘭國王愛德華三世的長子。1346年，他年僅16歲，就在與法蘭西王國展開的克雷西會戰中建立功勛。接著，他又在1356年的普瓦捷戰役中率領長弓兵擊敗法蘭西的重裝騎士部隊，大獲全勝，甚至還擒下了法蘭西國王約翰二世。然而，他卻在遠征西班牙的途中罹病，比父親先過世了。

據說「黑太子」這個別名是因為他很喜歡穿著黑色鎧甲的關係。
雖然愛德華於戰場上漂亮地贏得勝利，但另一方面，他也採用「騎行劫掠」這種戰術，讓以騎兵或騎馬步兵為主的迅捷部隊進入敵地進行掠奪、破壞，甚至殺害居民或俘虜為奴隸，導致法蘭西國土的荒廢。

長弓vs十字弓

克雷西會戰和普瓦捷戰役，都可以說是需要技術且速射能力優異的長弓，打敗威力高但速射性差的十字弓的戰爭。長弓作為狩獵用弓而日漸發展，在威爾斯地區經常被使用。英軍在進攻威爾斯的時候就對這樣武器傷透了腦筋，據說也是因此引進了長弓作為編制武器。

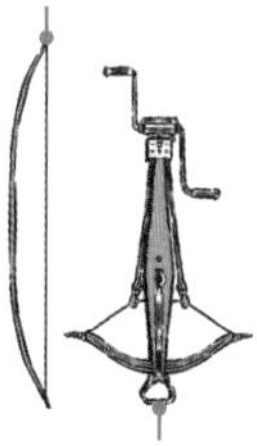
長弓
十字弓

投入新兵器以掌控戰場的**揚・傑式卡**（1360左右～1424）

波希米亞的貴族，胡斯派的領導者。1415年，胡斯因為被天主教會宣告為異端，被處以火刑，於是揚・傑式卡和胡斯支持者中的激進派開始挺身對抗天主教勢力[※2]。他運用了新的戰術，在1420年擊敗神聖羅馬帝國皇帝西吉斯蒙德、又於1422年給予皇帝軍毀滅性的打擊。但最後他在遠征摩拉維亞的途中罹患黑死病而去逝了。

15世紀的手繪本中描繪了揚・傑式卡手持戰鎬的行軍姿態。
因為他獨眼，所以又被人稱為「獨眼的傑式卡」。傳說在他死後，人們用他的皮製作了大鼓。

胡斯派戰車的防禦戰術

以馬拖車改裝的戰鬥車輛

揚・傑式卡會使用投入戰車的戰術。胡斯派藉由戰鬥車輛來組成速成要塞並搭配火器，力壓以騎士為中心的天主教勢力。

※2：主張天主教會改革的布拉格大學神學教授揚・胡斯最後竟被處以火刑。為表示抗議，胡斯派的波西米亞居民於1419年發起、引爆了宗教戰爭，即為胡斯戰爭（1419～1436）。

沒有高超的洞察力與決斷力就無法成功的意外戰術

奇策的名手

讓敵人的預測落空，再加以反擊的奇襲，是一種如果成功的話就能期待帶來豐碩成果的戰術。因此，有一群英雄就是靠著這種奇襲手法來改變整個戰局的。

紀元前3～前2世紀，迦太基的將軍漢尼拔．巴卡於第二次布匿戰爭時期採行翻越冬季阿爾卑斯山的奇策，突襲羅馬軍。羅馬軍因此大亂陣腳，後來在義大利半島各地紛紛吞下敗仗。

14世紀的法蘭西王國軍人貝特朗．杜．蓋克蘭時常對英格蘭軍隊發動奇襲或夜襲，藉著游擊戰術讓在百年戰爭初期處於劣勢的法蘭西有機會重整旗鼓。接著將場景轉移到海上，17世紀的荷蘭提督米希爾．德．魯伊特也在第二次英荷戰爭時奇襲了停泊在英格蘭東部麥德威河口的英軍艦隊，立下了碩大的戰果。

所謂的奇襲，只要走錯一步就會讓我方陷入被敵人包圍、就此全滅的險境。堪稱是唯有名將才能達成的功績。

帶著大象翻山越嶺的
漢尼拔．巴卡（前247～前183左右）

迦太基的將軍兼政治家。他的父親在建構於義大利半島上的迦太基殖民地長大。父親死後，漢尼拔繼承了將軍的地位。紀元前218年，他領軍越過阿爾卑斯山打算進攻義大利半島。以在坎尼會戰殲滅了羅馬軍為首，漢尼拔的各式戰績讓戰局朝著有利的方向推進，然而卻因為羅馬軍入侵迦太基本國，才不得不撤退。接下來，他在北非的札馬敗給大西庇阿[21頁]率領的羅馬軍隊，結果又因為迦太基國內親羅馬派的策略運作而失勢。

對羅馬人來說宛如恐懼的象徵。據說現在在義大利要訓斥不乖的孩子時，人們還是會告訴小孩「漢尼拔要來把你帶走囉」。

漢尼拔在那之後流亡到克里特島和黑海沿岸的比提尼亞王國。但因為羅馬那邊的勢力緊緊地追著他跑，最後不願被羅馬人拿下的漢尼拔選擇服毒自盡。傳說在他服毒之前，留下了「差不多該讓羅馬人從恐懼中解放了」這句話。

大象也跟著一起翻越阿爾卑斯山

在第二次布匿戰爭翻越阿爾卑斯山的時候，因為迦太基軍有大象部隊編制，所以象也一起跟著越過阿爾卑斯山。

神出鬼沒的豪傑
貝特朗・杜・蓋克蘭（1320～1380）

法蘭西王國軍人。出生在布列塔尼的小貴族之家，日後成為騎士。他在百年戰爭的雷恩之圍中擊退英格蘭軍隊，建立了威名，還獲得法蘭西皇太子查理（日後的查理五世）招募。日後，他陸續平定諾曼第、布列塔尼、吉耶訥，並兩度遠征西班牙。1370年，他當上了法蘭西軍的總司令官。

據說他其貌不揚，年輕時因為貧窮、總穿著破破爛爛的鎧甲，所以被人稱為「穿著鎧甲的豬」。
據說他曾立誓在拿下勝利之前都「不會坐下來吃飯」。

海上的戰術家米希爾・德・魯伊特（1607～1676）

荷蘭的提督。11歲時就成為船員，累積了航海技術以及外國的知識。他在1652年第一次英荷戰爭爆發時參軍，並且逐步以戰術家的身分累積了名聲，後來被任命為荷蘭海軍的最高司令官。1665年第二次英荷戰爭爆發，他成功襲擊了麥德威河口、打敗英軍的艦隊。在後來的第三次英荷戰爭時也有所活躍，但是1675年為了支援西班牙軍，他在地中海與法蘭西的艦隊交戰，隔年於西西里島外海的海戰中陣亡。

少年時代，他曾因為做出爬上教堂尖塔、弄壞屋頂的惡行被趕出了學校。據說就是因為這個契機，他才跑去當船員的。
他是荷蘭海軍的歷史英雄。進入20世紀之後，曾經兩度以他的名字為輕巡洋艦命名。

繼續深入了解

奇策的名手

地米斯托克利（前520左右～前455左右）

雅典的軍人兼政治家。他在波斯戰爭時為了對抗入侵的阿契美尼德王朝勢力，巧妙運用了新打造的三列槳座戰船[※]，在薩拉米斯戰役中獲得勝利。不過後來人們懼怕他成為獨裁者，因此將他放逐、趕出了雅典。

周瑜（175～210）

中國的三國時代，作為孫權統治時期的吳國指揮官而大為活躍的名將。根據《三國志・吳書・周瑜傳》的記載，208年，他採用黃蓋的獻策，透過詐降讓火船對曹操軍的船隊發動突襲，最後贏得了赤壁之戰的勝利。

※：三列槳座戰船設有上中下三層船槳，是一種能藉此獲得強大推進力的槳帆船。在薩拉米斯戰役中，由無財產的雅典市民擔綱船上的划槳手，大大活躍。

並非只有進軍才是勝利之道，還需要冷靜的判斷力

擅長逃跑的英雄

為了實現遠大志向，在某些情況下逃跑也是必要手段。不被虛榮心或無謀之勇給左右，到了非跑不可的時候，即便是英雄還是會選擇逃走。

3世紀的中國三國時代，魏國名將司馬懿與諸葛亮［58頁］率領的蜀國軍勢在五丈原展開了激烈衝突。當時司馬懿採取的戰術就是避戰。無論諸葛亮如何持續挑釁司馬懿，他都沒有上鉤。最後諸葛亮病逝於五丈原，蜀軍因此選擇撤退。

14世紀的日本，為了再興被足利尊氏［84頁］等人消滅的鎌倉幕府，北條時行無論戰敗多少次都還是成功逃脫，並且繼續捲土重來、堅持發起挑戰。

北條時行無法對抗歷史的脈動，最後消逝於洪流之中，不過幕末志士桂小五郎就屬於勝利者的這一方了。幕末時期，正當長州藩面臨存亡危機之際，桂小五郎潛伏於京都展開活動，只要新撰組等對手追尋而來，他就立刻銷聲匿跡。他在最嚴峻的時期躲過了幕府方的追捕而存活下來，最後成功讓幕府政權下台。

諸葛亮永遠的好對手司馬懿（179～251）

字仲達。雖然侍奉曹操[82頁]，但是曹操對他的才華有所戒備，所以起初沒有受到重用。不過到了曹操繼任者曹丕的時代，司馬懿贏得了主君的信任，還在230年就任大將軍之位，掌控了魏國的軍事權。他在234年的五丈原之戰選擇保守慎重的對策，不輕易出兵，這讓戰局膠著了100日之久，最後諸葛亮病逝，這場戰事也算是以魏國獲勝結束。後來，司馬懿於249年發動政變，將魏國實權納入掌中，建構了日後其孫司馬炎開創晉朝的基礎。

相傳司馬懿乃是狼顧之相，能夠身體不動、只把臉轉向正後方。
司馬懿在晚年與魏國大將曹爽展開權力鬥爭時，他裝出年邁昏聵的樣子，成功讓曹爽一派放鬆了警戒。接著他看準曹爽因此輕忽而離開洛陽的機會，趁機發起政變，真正掌控了魏國的實權。
蜀軍因為諸葛亮的死而撤退之後，司馬懿也讓魏軍撤退，於是人們便用「死諸葛嚇走生仲達」這句話來揶揄。但據說司馬懿一笑置之，表示「活人的話還能預測他會做什麼，但死去的人想做什麼可就猜不透了」。

只要沒死就不會輸，不屈不撓的年輕武將**北條時行**（？～1353）

鎌倉時代末期～南北朝期間的武將，是第十四代執權北條高時的次男。鎌倉幕府滅亡後，他在1335年於信濃舉兵，打敗了足利直義並奪回了鎌倉，但是1個月後就被足利尊氏的軍隊擊敗而逃走。1337年，他加入了南朝這一方，再次壓制了鎌倉，並乘著這股氣勢意圖進軍京都，結果又敗給足利軍，再次逃走。到了1352年，他又加入新田義興等人的起兵，第三次成功壓制鎌倉，結果2週後就被足利軍奪回。北條時行還想逃走，但這次被對手擒獲、處刑。

在中先代之亂落敗之前，據說北條時行有把愛用的刀名為「鬼丸」。這把「鬼丸」是被後世列入「天下五劍[※]」之一的名刀。

1335年北條時行舉兵，擊敗足利直義並占據鎌倉，最後被足利尊氏鎮壓。這段過程被稱為「中先代之亂」。所謂的中先代，乃是意指先代（高時之前）與當代（足利氏時代）之間的這代。也就是說，雖然時間很短，不過從這個稱呼來看，時行是被人們視為支配者來看待的。

改變名字和樣貌，最後完成維新的**桂小五郎**（1833～1877）

幕末時期的長州藩士。日後改名為木戶孝允。1849年他成為吉田松陰的門生，同年到江戶遊歷，加入了齋藤彌九郎的道場，成為道場塾頭。後來，他和高杉晉作[117頁]等人一同主導長州藩的尊王攘夷派，但與此同時也和勝海舟與坂本龍馬等開明派交流頗深。他曾多次因為敵人的追捕而逃離居住地，之後於1866年完成薩長同盟密約，成功促成了明治維新，並且在維新之後進入新政府的中樞。桂小五郎的活躍事蹟也讓他被世人譽為「維新三傑」之一。

幕末時期，受到追捕的桂小五郎曾用過「新堀松輔」、「廣戶孝助」等超過10種的假名，屢屢逃脫追殺。據說他也因此被人冠上「逃跑的小五郎」這個暱稱，不過實際上這個稱謂是在進入昭和時代之後、由司馬遼太郎的短篇小說《逃跑的小五郎》而來的。在他生前並沒有被人們這樣稱呼過。

新撰組於1864年襲擊尊王攘夷派的行動，史稱池田屋事件。據說當時桂小五郎順著家家戶戶的屋頂成功逃走了。此外，遽聞在同年發生的禁門之變，同伴們都還在交戰，可是就只有他不見蹤影。

※：所謂的「天下五劍」，除了文中提到的鬼丸（鬼丸國綱）之外，還有童子切安綱[137頁]、三日月宗近、大典太光世、數珠丸恒次。

超乎尋常的英雄就該搭配異樣的怪物

怪物狩獵者

世界上的各個地區，都流傳著英雄擊退怪物的神話或是傳說故事。

在那之中，希臘神話的英雄珀爾修斯打敗對上眼就會被石化的怪物梅杜莎的故事，就是相當有名的例子。除此之外，珀爾修斯救出衣索比亞公主安朶美達、使其免於落入被海怪吞噬的命運，這段經過也非常為世人所熟悉。

同樣也是出自希臘神話的英雄，以一身怪力聞名的海克力斯也是位知名人物。他曾經立下戰勝涅墨亞的獅子以及不死怪物九頭蛇希德拉等豐功偉業，達成了12項艱難的任務。

3～4世紀的羅馬帝國軍人喬治是個虔誠的基督徒，他堅定地守護自己的信仰，最後殉道成仁，因此被基督教世界奉為聖人（聖喬治）。這麼一位人物其實也留下了打敗惡龍、拯救國王之女的傳說。

在日本，平安時代的武將源賴光也因為打倒酒吞童子和土蜘蛛的故事，讓他的名字廣為流傳。

借用神的武器打倒怪物

珀爾修斯（希臘神話）

希臘神話的英雄。是至高神宙斯與人類公主達那厄的孩子。塞里福斯島的國王命令珀爾修斯去拿下怪物梅杜莎的頭，之後他借助了眾神的幫助，出色地完成了任務。在回程的路上，他遇見了即將作為活祭品被獻祭給海怪克托的衣索比亞公主安朶美達，於是珀爾修斯便擊敗海怪，拯救了公主。

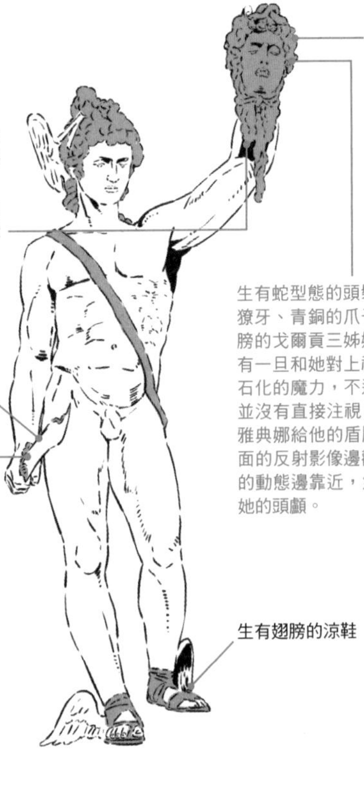

梅杜莎
被珀爾修斯斬下頭顱的梅杜莎所流出的血液中，誕生了天馬珀伽索斯和怪物克律薩俄耳。
生有蛇型態的頭髮、野豬的獠牙、青銅的爪子、黃金翅膀的戈爾貢三姊妹之一。擁有一旦和她對上視線就會被石化的魔力，不過珀爾修斯並沒有直接注視，而是利用雅典娜給他的盾牌、靠著上面的反射影像邊觀察梅杜莎的動態邊靠近，然後砍掉了她的頭顱。
赫帕爾
珀爾修斯被授予了雅典娜的青銅盾牌、黑帝斯的隱形頭盔、荷米斯的金鋼鐮（赫帕爾）、寧芙們的有翼涼鞋等武裝，並借助它們的力量打敗了梅杜莎。
生有翅膀的涼鞋

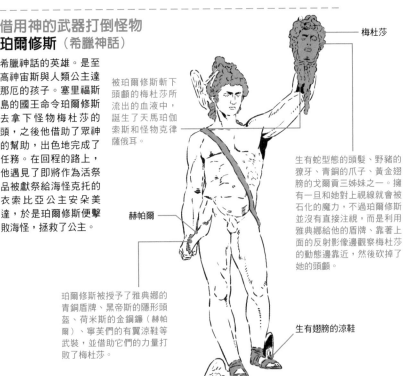

擊退怪物的專家
海克力斯（希臘神話）

希臘神話的英雄。是宙斯和珀爾修斯的子孫阿爾克墨涅所生的孩子。因為被宙斯的正室妻子赫拉所憎恨，因此度過了充滿苦難的人生。這其中就包含了打敗涅墨亞獅子和九頭蛇希德拉、生擒食人馬等花費10年才終於達成的12項艱難任務[※]。只不過，最後海克力斯的妻子被半人馬所騙，讓他穿上了染有希德拉劇毒血液的衣服。痛苦難耐的海克力斯最後選擇自盡。

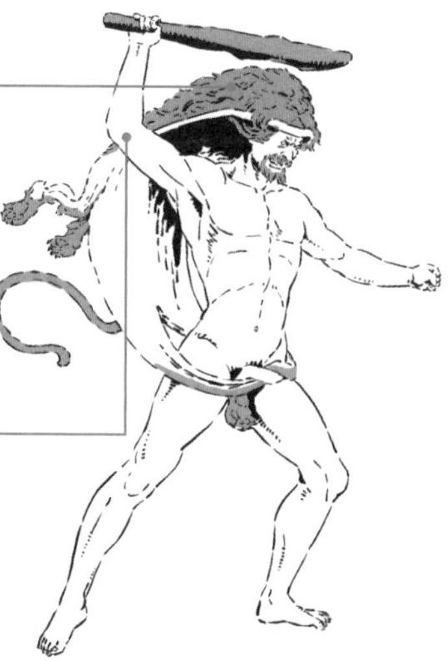

身上披著獅子毛皮、手裡拿著弓或棍棒是大家都很熟悉的姿態。有說法認為這塊獅子毛皮就是打倒所有武器都無法穿透的涅墨亞獅子後取得的戰利品。

傳說他在嬰兒時期就徒手勒死赫拉派來的毒蛇，展現了自己的怪力。

從尊敬衍生出傳說
聖喬治（270？～303？）

羅馬帝國的軍人。303年左右，他反抗彈壓基督教的皇帝戴克里先的命令，不願捨棄信仰，最後被斬首殉道。到了4世紀左右，在基督徒之間對喬治的尊崇聲浪日漸擴張，於是在進入12世紀以後，便誕生了他打敗惡龍、拯救了國王的女兒，並且讓該國改信基督教的傳說。

不管是天主教、東正教、英國國教派等，基督教世界中的各式宗派都將他奉為聖人崇敬。其中在英國特別受到喜愛，也成了國家的守護聖人。

因為在聖經等作品中也會出現撒旦化身為龍的表現手法，因此西方的龍有時也被視為惡魔的象徵。

擊敗妖怪的英雄源賴光（948～1021）

平安時代中期的武將。因為其擊敗妖怪的傳說流傳於後世而廣為人知。他和被並稱為四天王（渡邊綱、坂田金時、碓井貞光、卜部季武）的夥伴一起討伐大江山惡鬼酒吞童子以及土蜘蛛的傳說代代相傳。只不過，現實歷史中的源賴光其實擁有更強烈的貴族色彩，是個與攝關家建構緊密關係、藉此發展自身勢力的人物。

雖然土蜘蛛被認為是蜘蛛樣貌的怪物，不過根據《日本書紀》等作品的記載，過去土蜘蛛是個被天皇家祖先征服的日本部族。此外也留下了諸多與土蜘蛛作祟有關的故事，也有看法認為與源賴光等人交手的就是他們的怨靈。

相傳有幾把刀是源賴光等人打倒妖怪時所使用的武器。討伐酒吞童子的太刀，就有天下五劍[135頁]之一的「童子切安綱」和「鬼切丸」等。

※：其他還有生擒克列尼亞牝鹿、捕捉厄律曼托斯山的野豬、驅逐斯廷法洛斯湖的怪鳥、清掃奧革阿斯王的牛舍、取得亞馬遜女王希波呂忒的腰帶、制服克里特的公牛、捕獲巨人革律翁的牛群、帶回黃金蘋果、擒下克爾柏洛斯等任務。

優雅地劃過天空的箭矢催生了華麗的傳說

弓箭的名手

在火器登場之前，弓箭就是最有效的長距離武器。不分神話還是史實，有好幾位英雄就是以弓箭名手的身分建立威名的。

中國神話之中，羿就作為擅長使弓的名人而名滿天下。當時的天空中同時掛著10個太陽，大地成為了一個炎熱的世界。因此，傳說在接受堯的命令之後，羿就射下了9個太陽。

13世紀末，傳說中活躍於瑞士獨立運動的英雄威廉·泰爾也是個名震四方的弓箭高手。被惡質官員陷害的他，被逼迫要在眾人面前射下放在自己兒子頭上的蘋果。

接著把目光轉移到日本，平安時代末期的武將源為朝能夠輕鬆自在地操控五人張的強弓，相傳他射出的箭矢在貫穿敵將之後還能刺進後面敵人的鎧甲。此外，同樣是平安時代末期的武士那須與一，曾一箭射中在遠方海面上飄蕩的船隻所立起的扇子柄，留下為人津津樂道的知名傳說。

射下太陽，拯救世人的羿（中國神話）

中國神話與傳說中的英雄。相傳當時天上同時出現了10個太陽，因此日照時間一直持續，於是羿射下了其中的9個。這完完全全就是神話領域的故事，故事裡的羿也被視為等同神明的存在。但另一方面，在比較接近史實的傳說裡面，羿曾一度奪取夏朝的政權，自立為王，但是過於沉溺在狩獵，最後被家臣給殺害。

中國傳統觀念認為月亮上有蟾蜍棲息，據說其真面目就是羿的妻子嫦娥。相傳是源自於這則傳說：有一天羿取得了不老不死的藥，卻被妻子嫦娥偷吃，最後逃到月亮上。作為背叛丈夫的懲罰，嫦娥因被變成了蟾蜍。

相傳羿曾將自己的弓術傳授給名為逢蒙的弟子。然而就在逢蒙學會羿的射箭技巧後，便心想若是羿不存在的話，自己就是天下第一的使弓名人了，於是就用桃木棍棒將羿打死。從這則故事，也衍生出用「逢蒙殺羿」來形容被親近之人背叛一事的習慣。

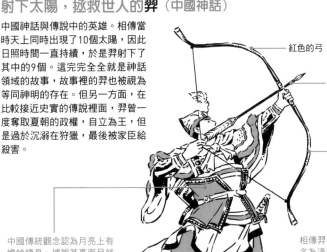

讓殘酷領導者大吃一驚的**威廉・泰爾**（13世紀）

據說他是使弓名人等級的獵人，在瑞士獨立運動中相當活躍。13世紀的瑞士是被神聖羅馬帝國（哈布斯堡家族）所支配。因為威廉・泰爾沒有對著懸掛在廣場、象徵神聖羅馬帝國皇帝的帽子敬禮，於是總督格斯勒命令他自首。之後格斯勒告訴他，只要能用箭射中擺在兒子頭上的蘋果，就饒恕他的性命。結果威廉・泰爾成功命中蘋果，還立刻放了一箭射殺格斯勒。傳說以這起事件為契機，在瑞士全土都展開了熱烈的獨立運動。

威廉・泰爾使用的是扣下扳機就能發射箭矢的十字弓。

德國劇作家弗里德里希・席勒於1804年發表了戲曲作品《威廉・泰爾》。以此為基礎，義大利作曲家喬奇諾・羅西尼在1829年完成了同名歌劇《威廉・泰爾》。這部作品中的《威廉・泰爾序曲》就是相當出名、耳熟能詳的曲子。

以巨大身軀和強健手臂放出必殺的一箭 **源為朝**（1139～1177）

平安時代末期的武將。因為小時候個性粗暴，所以13歲時就被父親源為義趕到九州，之後便自稱為鎮西八郎。雖然源為朝在九州依舊四處鬧事，不過1156年爆發保元之亂時，他也跟著父親一起站在崇德上皇這一方參戰。雖然他勇猛地活躍於戰場，但最後卻兵敗，被流放到伊豆大島。沒想到後來源為朝竟然支配了伊豆七島，於是朝廷派兵前往討伐。最後，被逼到絕境的源為朝選擇自盡[※]。

傳說源為朝的弓是五人張（需要5個人才能將弓弦拉開的弓）的強弓。

擁有身高超過2m的巨大身軀，據說往前伸出持弓的左手臂，要比拉動弓弦的右手臂還長上12cm。

在情勢緊繃的戰場展現神技的**那須與一**（12世紀）

平安時代末期的武將。源平合戰時作為源氏方的一員參戰。1185年的讚岐國屋島之戰一役，於海上漂盪的平家船隻立起了扇子挑釁。這時被選為射手的就是那須與一。騎在馬上的他先向八幡神祈求成功，接著放出一箭完美命中扇柄，此等神技據說就連敵人都為之喝采。因為這項功績，他被授予了位於丹波、信濃、若狹、備中、武藏等國的賞賜地，但有說法表示他最後出家了。

有傳承指出在源平合戰結束後，他移居到據說是平家敗將逃亡地的肥後國五家莊附近。此外也有說法認為他後來出家為僧，此後持續在為源平合戰的死者祈福。

※：沖繩地區流傳著這樣的傳說：源為朝離開伊豆大島後逃往琉球，並且與當地有力人士大里按司的女兒孕育了孩子。而這個孩子就是日後的初代琉球王舜天。江戶時代的讀本作者瀧澤馬琴就根據這則傳說，撰寫了英雄小說《椿說弓張月》。

騎兵戰的名手

活用機動力的人就能宰制新時代的作戰

綜觀人類的歷史，以馬作為最高機動力兵器的時代其實非常長。因此，有許多英雄都被世人譽為騎兵戰的名手。

6～7世紀的中國，唐朝的將軍李靖就靠著運用騎兵的長距離奇襲戰法，達成征服突厥和吐谷渾等騎馬民族國家的偉業。因為竟然戰勝了擅長騎兵戰的國家，稱李靖一聲名手實在當之無愧。

在日本，平安時代末期的武將源義經也是能靠著靈活操控騎兵來獲得勝利的人物。一之谷之戰時，他將部隊以騎兵為中心進行編成後，活用其機動力長距離奔馳，接著從懸崖上發動奇襲。此外在屋島之戰時，他也是讓騎兵長途奔馳後突擊平家的根據地，擊破了對手。時間來到近代，明治時代的軍人秋山好古訓練了日本陸軍的騎兵隊，擊敗了俄羅斯的哥薩克騎兵。他也因此被譽為是「日本騎兵之父」。發揮騎兵機動力與衝擊力的戰術，應該可以說是只有極少數的天才才有辦法掌握。

以騎兵壓制騎馬民族的**李靖**（571～649）

唐朝的將軍。起初是為隋朝工作，但因為隋末世間的混亂，後來成為唐朝第二代皇帝李世民的部下，對於唐朝的建國做出了相當大的貢獻。李世民即位以後，他在630年便奉皇帝的命令前去征服東突厥。635年又遠征吐谷渾，這一役也成功獲勝。除此之外，他不僅作為軍人，也曾以宰相的身分奉獻。可說是在文武兩方面都支撐著剛建國不久的唐朝。

643年，李世民命人在西京宮城東北的凌煙閣描繪24名功臣（凌煙閣二十四功臣），李靖也位列其中，排序是全員第八位。

據說李靖在陣形方面受到諸葛亮[58頁]、騎兵戰術方面受到曹操[82頁]的影響。

以打破常識的騎兵戰法名留青史的**源義經**（1159～1189）

平安時代～鎌倉時代初期的武將，也是初代鎌倉幕府將軍源賴朝的弟弟。父親於平治之亂時戰死，所以年幼時期就被寄養在京都的鞍馬寺，後來在奧州的藤原秀衡身邊長大。1180年，他在兄長賴朝起兵後隨即火速前往響應，投入了源平合戰。1184年，他討伐了木曾義仲[75頁]，又在一之谷之戰、屋島之戰、壇之浦決戰接連擊敗平家的軍勢。然而後來他和賴朝發生對立，再次接受了藤原秀衡的庇護。但秀衡過世後，其子藤原泰衡在迫於賴朝的壓力下襲擊義經，最終讓義經於衣川館自盡。

因為在戲劇裡總是由俊美的男演員演出，所以給人一種美少年的印象，但是從他的甲冑推測身高大約在147cm左右，而且還有證詞指出義經有暴牙。
繼一之谷後再次於屋島之戰使用的就是由騎兵戰力發動的長距離奇襲[※]。在日本史上很難看到將騎兵的機動力活用得如此淋漓盡致的戰術例子。
一之谷之戰時，源義經親自率領70名騎兵從陡峭的山崖上發動直衝而下的奇襲，攻克了平家的本陣。這就是世人所稱的「鵯越逆落」。在義經之前，日本人的騎兵戰都是以單挑為主，而義經據說是首位採用將騎兵集團化運用這種革新戰術的人。

牛若丸傳說

源義經的乳名是牛若。傳說懷抱打倒平家大志的他，曾在鞍馬寺的僧正谷跟著天狗努力地修行武藝。此外，相傳他還在五條大橋教訓了奪走通行者佩刀的武藏坊弁慶，並將他收為部下。

留學法國，改革日本騎兵部隊的**秋山好古**（1859～1930）

陸軍軍人。1877年進入陸軍士官學校的騎兵科學習。不過，當時日本的騎兵部隊不過就只有20匹馬左右而已，相當貧弱。被指派去研究騎兵知識的秋山好古，便於1887年前往法國留學。在學習歐洲騎兵戰術的過程中，他深切體認到強化日本騎兵部隊的必要性，於是在歸國後就致力於騎兵部隊的改革。1894年的日清戰爭（甲午戰爭）中，秋山好古訓練出來的騎兵部隊就相當活躍。後來在1904年的日俄戰爭時期，他還親自率領騎兵部隊擊破了俄羅斯的哥薩克騎兵隊。

身材高挑，膚色白皙，還有一雙大眼，因此據說秋山好古常常被誤認為西方人。此外他很討厭洗澡，傳聞在日俄戰爭期間只洗過兩次。
他是個酒豪，據說時常一邊行軍、一邊在馬上直接瓶口對嘴就喝了起來。

※：發揮騎兵的機動力，從敵人偵查不到的地方展開長距離移動，朝著目標發動突擊的戰術。例如屋島之戰的時候，源義經的部隊只花了兩天就從阿波趕到了屋島。

伊莉莎白一世（1533～1603）

帶領英格蘭邁向強國地位的女王

終身未婚，將人生的一切全都奉獻給國家治理的女王，真的存在於歷史之中。她，就是16世紀的英格蘭王國女王伊莉莎白一世。

在伊莉莎白一世年幼時，其母就被處刑，自己甚至還一度被幽禁在倫敦塔裡，走過了一段苦難的人生之路，但是她逐漸獲得國民的支持，於1558年即位為女王。在那之後，她盡可能避免戰爭，取而代之的是在商業方面的發展傾注全力。其結果就是當時在歐洲原本還是二流國家的英格蘭王國，也逐步轉變為強大的國家，甚至走上了日後被譽為「支配七大洋」的大英帝國發展之路。

當然，要完全避免戰爭的發生是件不可能的任務。1588年，英格蘭海軍在無敵艦隊海戰［98頁］一役擊敗了以「無敵」的印象被人們畏懼的西班牙艦隊。這件事也讓全世界大為震撼。就像這樣，在伊莉莎白一世治理下的英格蘭王國，也迎來了黃金時代［※1］。

憂國憂民，嫁給國家的賢明君主

伊莉莎白一世一生都未曾結婚，因此又被人們稱為「童貞女王」。她之所以不結婚的理由，據說在於若是與海外的王族結婚就會產生同盟等關係，這麼一來就無法避免被捲入外國戰爭的危險性。另一方面，如果跟國內的臣子結婚就會種下派閥鬥爭的不安種子，存在因此催生內亂的風險[※2]。所以伊莉莎白一世曾公開表示自己「嫁給了英格蘭」。

伊莉莎白一世也將自己的肖像畫活用於印象戰略，提供了大量的肖像畫。1569年以後開始審核肖像畫，只允許公認的畫家繪製。為了強調女王的貞潔性以及魅力，畫家要把女王的肌膚畫得白皙，而且不能畫出皺紋。

從小時候就親眼見證宮廷內激烈權力鬥爭的伊莉莎白一世，在很年輕的時候就學會了盡可能留心不讓自己太過顯眼、只以學問為友的處世術。其結果就是她身懷希臘、拉丁領域的深厚古典教養，還能說一口流利的法語和義大利語，是位相當聰慧的女性。

伊莉莎白一世貫徹單身主義，但這不表示她的身邊沒有被視為情人的男性。特別是有位高挑俊俏的貴族羅伯特·達德利，曾經是女王認真考慮結婚的對象。只不過，因為達德利傳出殺害妻子的傳聞，為了顧及社會觀感，女王才放棄與他結婚的打算。

※1：在伊莉莎白一世的治世下迎接黃金時代的英格蘭，其實在文化方面也很興盛。這個時期的代表性藝術家有劇作家威廉·莎士比亞和詩人愛德蒙·史賓賽等人物。他們所活躍的時代，也被稱為「英國文藝復興」。

透過經濟和宗教的施政整合國內

伊莉莎白一世即位以後就致力於經濟和宗教政策的發展，整合了混亂的國內局勢。

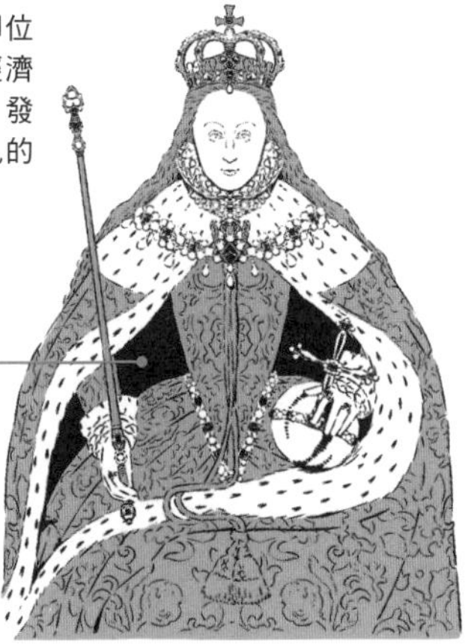

女王身穿有都鐸玫瑰圖案與鼬鼠毛皮裝飾的加冕袍。

回收品質低劣的貨幣

女王即位時，因為英鎊的價值下滑，英格蘭的經濟正處於混亂的局面。財政專家托馬斯．格雷沙姆認為問題的肇因在於市面上有品質低劣的貨幣流通，於是向女王提出建言，實行在鑄造新貨幣的同時也要回收低品質貨幣的政策。這個政策也提升了英鎊的價值，讓英格蘭的經濟回穩。

取得新舊兩派的平衡

伊莉莎白一世即位時，國內的天主教和新教[53頁]勢力發生了激烈的對立。女王在確立屬於新教系的英國國教派權威、與天主教派保持距離的同時，也嚴格壓制清教徒這支國內的激進派新教勢力，費盡心思想維持平衡。

宰制與西班牙之間的決戰

伊莉莎白一世即位的隔年就從海外的戰爭抽手。不過，因為在海外貿易方面有所競爭，所以和西班牙之間的關係惡化了。雖然西班牙國王費利佩二世派出了無敵艦隊，但是英格蘭海軍卻在1588年的無敵艦隊海戰一役殲滅了無敵艦隊。自此，英格蘭就成了新的大海支配者。

在尼古拉斯．希利亞德這幅描繪格拉沃利訥外海海戰的畫作左邊，畫有騎著白馬指揮軍隊的女王身影。不過實際上並沒有紀錄顯示這場海戰是由她指揮的，象徵性的意義比較強。

英格蘭海軍以從屬王室的34艘船與163艘武裝商船（幾乎都是海盜船）投入無敵艦隊海戰。英格蘭海軍選擇在保持距離的情況下，採取若即若離地對不擅長小轉彎的西班牙大型艦隊發動砲擊的戰術，最後打了勝仗。

與瑪麗．斯圖亞特之間的複雜關係

伊莉莎白一世是蘇格蘭女王瑪麗．斯圖亞特的表姑，而瑪麗．斯圖亞特擁有英格蘭的王位繼承權。而且她是天主教徒，因此其存在也讓伊莉莎白一世一直很傷腦筋。瑪麗．斯圖亞特在1568年逃到英格蘭時，伊莉莎白一世庇護了她。然而，國內的反伊莉莎白勢力想要擁戴瑪麗．斯圖亞特的相關事件屢屢發生。然後就在1587年，瑪麗．斯圖亞特以西班牙作為後盾、企圖暗殺女王一事被人告發後，伊莉莎白一世決定將她處死。日後，伊莉莎白一世沒有留下繼承人就過世了。令人意外的是，被選為下一任英格蘭之主的人物，就是瑪麗．斯圖亞特的孩子詹姆士六世（作為英格蘭國王是詹姆士一世）。

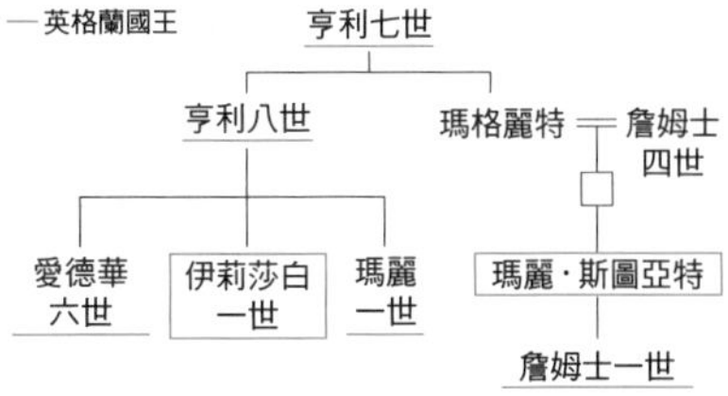
— 英格蘭國王
亨利七世
亨利八世
瑪格麗特
詹姆士四世
愛德華六世
伊莉莎白一世
瑪麗一世
瑪麗．斯圖亞特
詹姆士一世

※2：因為伊莉莎白一世沒有結婚、也沒有子嗣，所以都鐸王朝在她這一代就宣告結束。英格蘭的大權後來就移轉到斯圖亞特王朝的手中。

超喜歡建築物的英雄

跨越時間留存到今天的建築物群就是偉業的象徵

一國之主想讓自己的名字能夠永遠流傳至後世，會有這樣的心願是很自然的。因此，為了這個願望而興建各種建築物也並非是什麼罕見的作為。

紀元前13世紀，埃及新王國時期的法老拉美西斯二世很熱中於建造巨大的神殿，接連完成了卡納克神殿、路克索神殿、阿布辛貝神殿等建設。

紀元前3世紀，印度孔雀王朝的阿育王因為對佛教的信仰非常虔誠，於是就將以佛教教誨為基礎的政治理念刻在石柱或崖壁上。不僅如此，他還在印度全土廣設佛塔，分別收納佛舍利（佛陀的遺骨）。

2世紀的羅馬帝國皇帝圖拉真，於羅馬打造了圖拉真廣場，並在那裡豎立了圖拉真凱旋柱。此外，他還建設了巨大的公共浴場。

這些人物所留下的建築群，都成為繼續傳頌他們偉大功績的紀念碑，時至今日依舊受到廣大群眾們的讚譽。

對巨大神殿著迷的拉美西斯二世（紀元前13世紀）

埃及新王國時期的第十九王朝法老。在他即位後就展開與西臺帝國的16年戰爭，但是在經歷卡迭石戰役[※1]之後，雙方締結了和平協定。當和平的日子到來，拉美西斯二世也開始致力於打造巨大的建築物，在底比斯興建了卡納克神殿和路克索神殿。接下來，他又在底比斯的尼羅河西岸建造了由高達20m的巨像（模特兒是他本人）和描繪卡迭石戰役的壁畫等組成的拉美西姆祭廟。除此之外，尼羅河上游的努比亞地區也有他蓋的阿布辛貝神殿。

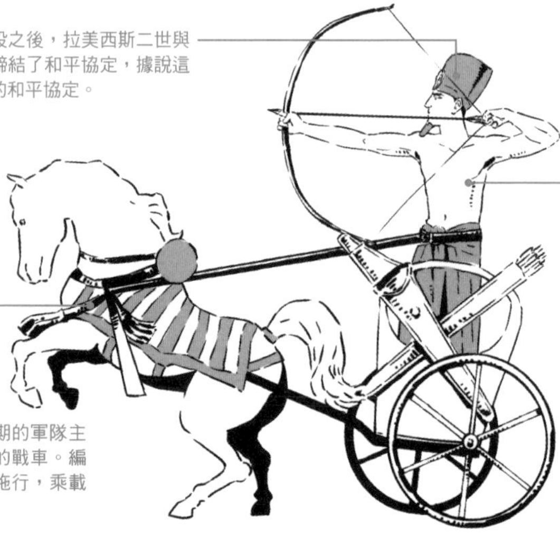

經歷卡迭石戰役之後，拉美西斯二世與西臺帝國雙方締結了和平協定，據說這是世界上最早的和平協定。

相傳拉美西斯二世在卡迭石戰役時搭乘戰車於戰場上馳騁，打倒了許多敵人。

埃及新王國時期的軍隊主力是由馬拉動的戰車。編制是由兩匹馬拖行，乘載駕駛和射手。

※1：發生在紀元前1286年左右、由古埃及對上西臺帝國的戰事，也是史上最初留下官方紀錄的戰爭。在西臺軍隊巧妙地誘導下，埃及軍隊遭受了對方的襲擊，部隊瀕臨崩解，但這時援軍及時趕到，戰局因此走入膠著狀態，直到停戰。

透過建築來傳播佛教的**阿育王**（紀元前3世紀）

印度孔雀王朝的領導者。紀元前268年左右即位，據說在位直到紀元前232年左右。他支配現今的印度、巴基斯坦、幾乎全部範圍的孟加拉等廣大的版圖，不過因為在與羯陵伽王國的戰爭中出現了10萬多人的犧牲者，對此感到後悔的阿育王因而皈依佛教，而且信仰虔誠，還宣言要以佛法為本來進行施政。他將自己的政治理念以詔書形式刻在石柱（石柱碑）和崖壁（磨崖碑）上，藉此教化民眾。

皈依佛教之前的阿育王是個性格凶暴的人。傳說他為了奪取王位，殺害了99個異母兄弟。

留存到現今的阿育王建設

為了收納佛舍利，阿育王在印度全土興建了收藏用的佛塔。

桑吉的大佛塔（第一佛塔）。已經被登錄為世界遺產。

對羅馬基礎建設的整備傾注心力的**圖拉真**（53～117）

羅馬帝國的皇帝。於98年即位後，就發起了好幾次的大規模遠征，將達契亞、亞美尼亞、美索不達米亞等地納入版圖，此舉也讓羅馬帝國的領土擴張至最大範圍。與此同時，圖拉真為了維持民眾對自己的支持度，開始於羅馬接連大興土木。106年征服達契亞以後，他便在羅馬興建圖拉真廣場作為紀念，還在其中心地設立了圖拉真凱旋柱。圖拉真還建設了名為圖拉真浴場的巨大公共浴場，並且為了浴場供水修築水道。除此之外，他也修整養護了從羅馬延伸至南義大利、已經老朽化的阿庇亞道。

關於圖拉真的形象除了雕像之外，還能在小普林尼[※2]為圖拉真獻上的讚頌詞中看到這樣的描述：「氣宇軒昂、身材修長、優秀的頭腦與高貴的風貌、與中生代年紀不相符的老成氣質……」

吸引民眾目光的公共建設

圖拉真為了就任執政官、凱旋返回羅馬的時候，從當時的任職地敘利亞行省把建築師「大馬士革的阿波羅多洛斯」一起帶著歸國，並且將許多建築工程都委任給阿波羅多洛斯負責。

※2：羅馬帝國的文人兼政治家。他是著有《博物志》一書的老普林尼的外甥，後來被老普林尼收為養子。除了頌詞之外，集結他自己的書信、總計10卷的書簡集也相當有名。

沒有任何人能逃過優秀狙擊手的鷹眼

手腕高超的狙擊手

從距離很遠、難以發現的場所展開狙擊的狙擊手，可說是近現代以後的戰場上最令人畏懼的存在。歷史上，也出現了好幾個名震四方、技巧高超的狙擊手。

日本幕末時期，出生於會津藩士家的新島八重（舊姓山本）就以女性的身分，在與新政府軍對抗的會津戰爭中手持7連發的斯賓塞步槍奮戰。據說她狙擊新政府軍的步兵隊長大山巖，還讓他身負重傷。同樣也是女性，蘇聯的柳德米拉・帕夫利琴科被人們稱為「史上最強的女性狙擊手」。在第二次世界大戰時作為蘇聯軍一員與德軍作戰的她，總共射殺了309名德軍。

另一方面，也有位讓那些蘇聯士兵聞風喪膽的狙擊手，他就是芬蘭軍人席摩・海赫。據聞在1939年爆發的冬季戰爭中，他一共射殺了542名蘇聯軍，締造了世界紀錄。

幕末的Handsome Woman新島八重（1845～1932）

會津藩砲術師範役山本權八的女兒。年幼時就對家傳的砲術很感興趣，1868年會津戰爭爆發的時候，她還在藩主面前負責砲術講解，甚至換上男裝、手持7連發的斯賓塞步槍與新政府軍對抗。明治維新後，開始致力於女子教育的推動，對同志社女學校（同志社女子大學的前身）的創立做出很大的貢獻。

丈夫是同志社大學的創立者新島襄。八重喊丈夫「Joe」（其英文名Joseph的暱稱），丈夫則是以「Handsome Woman」來評價妻子。

日後被人們稱為「幕末時代的聖女貞德」的八重會使用斯賓塞步槍作戰。據說她也曾為白虎隊[※1]指導槍枝的使用方法。

※1：會津戰爭期間，由會津藩的年輕武家男性所組成的部隊，兵員數約300多人。其中20名左右的二番隊隊士後來逃往鶴城（會津若松城）東北方的飯盛山，他們在那裡看到被黑煙籠罩的鶴城後選擇自盡。成為傳承到後世的悲壯故事。

史上最強的女性狙擊手
柳德米拉・帕夫利琴科（1916～1974）

烏克蘭出身的蘇聯軍人。1941年，還是大學生的她在德國入侵蘇聯時參軍[※2]。起初大家都勸帕夫利琴科擔任隨軍護士，不過她立志成為狙擊手，並且靠自己的本事獲得眾人的認可。之後，她多次成功狙擊德軍，因為其令人驚豔的戰果，讓她逐漸在蘇聯軍中被視為英雄般的存在。後來帕夫利琴科在戰場上負傷，脫離了第一線，結果就這麼迎來了戰爭結束。戰後她回大學復學，之後在海軍司令部協助戰史的編纂。

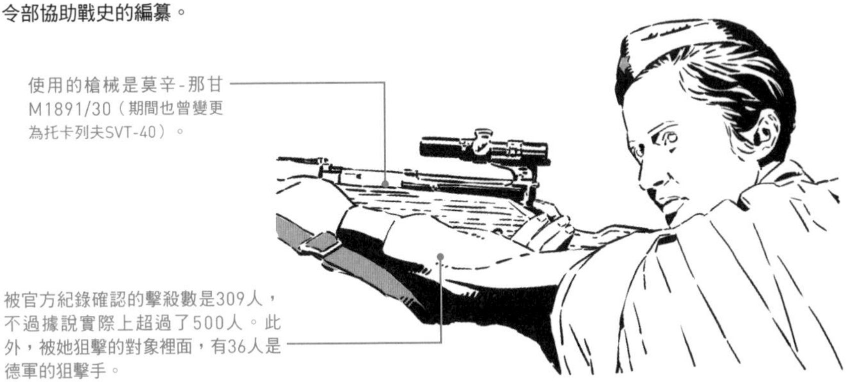
使用的槍械是莫辛-那甘M1891/30（期間也曾變更為托卡列夫SVT-40）。
被官方紀錄確認的擊殺數是309人，不過據說實際上超過了500人。此外，被她狙擊的對象裡面，有36人是德軍的狙擊手。

無聲無息、悄悄到來的「白色死神」席摩・海赫（1905～2002）

芬蘭軍人。進入軍隊之前從事獵人的工作，對於槍械的使用非常熟練。此外，他還是射擊大賽的常客，多次獲得優勝。他在1925年加入了芬蘭陸軍，期滿除役後又回歸了獵人工作，但是當蘇聯在1939年發動進攻、爆發冬季戰爭時，席摩・海赫又以預備軍的身分再次被召集。因為用槍技巧高超，所以被招募擔任狙擊兵，僅僅1年之內就射殺了542名蘇聯軍。

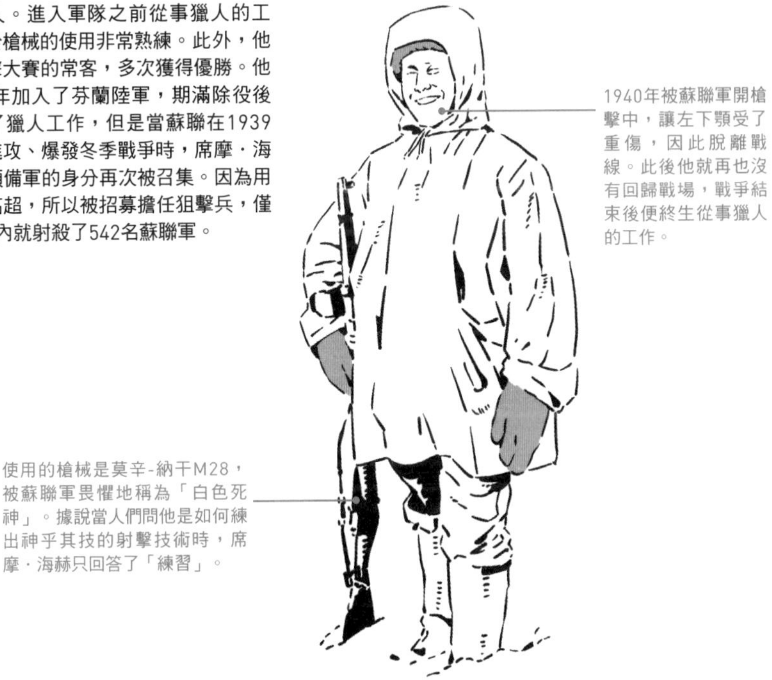
1940年被蘇聯軍開槍擊中，讓左下顎受了重傷，因此脫離戰線。此後他就再也沒有回歸戰場，戰爭結束後便終生從事獵人的工作。
使用的槍械是莫辛-納干M28，被蘇聯軍畏懼地稱為「白色死神」。據說當人們問他是如何練出神乎其技的射擊技術時，席摩・海赫只回答了「練習」。

※2：第二次世界大戰時，蘇聯組織性地運用女性士兵的力量。例如成為空軍王牌飛行員的莉迪亞・利特維亞克以及葉卡捷林娜・布達諾娃就非常廣為人知。在陸軍中被選為狙擊兵而大大活躍的女性士兵也不在少數。

猛將中的英雄

最強的人是誰？武藝精湛的剛勇之士

於戰場奔馳，萬夫莫敵、極為活躍，因此讓敵軍膽戰心驚的猛將，有不少人都名留史冊。

即使猛將如雲，但是在那之中會率先浮現在多數人腦海內的名字，應該就是呂布這個2世紀時的中國三國時代武將吧。只不過，即使擁有出類拔萃的個人戰鬥能力，他卻因為欠缺政治力以及人望，最後迎來了淒慘的結局。

說到足以站出來和呂布相提並論也不失色的中國猛將，6世紀時的北魏武將楊大眼就是這麼一號人物。相傳他是能徒手殺死老虎的豪傑。此外，雖然目不識丁，卻擁有超凡的記憶力，再加上擁有深厚的人望，對於軍隊來說絕對是能放心依靠的存在。

再看看日本戰國時代，本多忠勝這名猛將也是名滿天下的人物。相傳他的生涯總計出戰57次，但是卻一次也沒有受過傷。在關原之戰結束以後，他被授予伊勢國桑名10萬石，成為桑名藩的初代藩主。

一再背叛的三國最強悍的男人**呂布**（？～198）

三國時代的武將。出身九原（現今的內蒙古自治區），因為擁有一身卓越的武藝而被丁原收為部下，不過之後他卻殺害了丁原，轉而為董卓效力。後來他又跟董卓發生了嫌隙，於192年殺死董卓，一度掌握了國政，不過後來卻敗給董卓的前部下李傕，逃出了長安。在那之後，呂布展開一段流浪各地的日子，前後想依附袁術、袁紹、劉備，但都不被信任。最後他被曹操[82頁]抓捕後處刑。

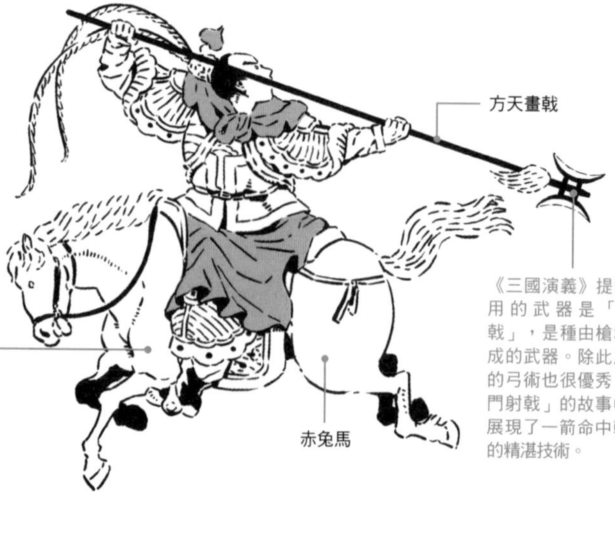
《三國演義》中提到他的愛馬是赤兔馬，也因此被世人譽為「人中呂布、馬中赤兔」。正史中也留下他騎乘名馬赤兔的紀錄，創作應該是根據這點而來。
方天畫戟
《三國演義》提到呂布愛用的武器是「方天畫戟」，是種由槍和月牙組成的武器。除此之外，他的弓術也很優秀。在「轅門射戟」的故事中，他就展現了一箭命中戟上小枝的精湛技術。
赤兔馬

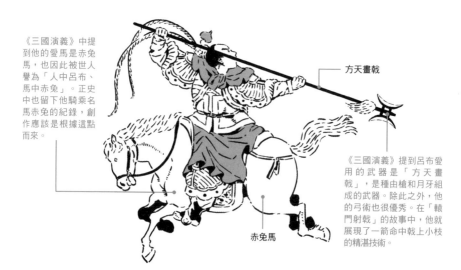

兼備人德、值得信賴的將領楊大眼（？～518）

中國南北朝時期的北魏武將。雖然出身名家，但卻因為是庶子的關係，在年幼時期過得很辛苦。不過，因為他一身優秀的武藝，後來還是得到侍奉北魏孝文帝的機會，在南征過程中建立了許多戰功。他的活躍被人們稱為「勇冠六軍（意即全軍最強）」。之後他出人頭地當上將軍，成為北魏的支柱。不過在他死後不久，北魏就因為內亂等原因分裂了。

據說他擁有能夠徒手殺死老虎的怪力，其武勇在生前就獲得了「就算關羽、張飛復活了，大概也難敵楊大眼」之類的讚譽。
他曾在士兵負傷時流著淚慰勞對方，還會跟士兵的孩子一起玩耍。卓越的人格也讓他備受部下們的仰慕。
相傳他擁有把長度3丈（9m）的繩子綁在頭髮上奔跑，也不會讓繩子碰到地面的驚人腳力。

讓天下人也讚不絕口的本多忠勝（1548～1610）

戰國時代至江戶時代初期的武將，也是德川四天王中的一人。其家系代代都侍奉松平家，他自己也是從小就跟隨在德川家康的身邊。1560年，13歲的本多忠勝跟著家康執行將兵糧運入大高城的任務，此戰乃是他的初陣。在此之後，他在家康的麾下參與了57次的戰事。1572年與武田信玄的一言坂之戰中，他奮戰的英姿也被對手讚譽為「家康不配擁有之人」。

蜻蛉切
鹿角脇立兜
在黑色的甲冑上斜背念珠，相傳是為了對死在自己手下的對手所做的供養。
他在家康的麾下參與了57次戰事，但是卻從未負傷。據說本多忠勝在晚年使用小刀不慎劃傷手指時，便感覺到自己的死期將近。
愛用的武器是長槍「蜻蛉切」。名稱的由來是因為它的刃鋒利到蜻蛉停在上面都會裂為兩半，是「天下三名槍[※]」之一。頭盔則是裝上鹿角的「鹿角脇立兜」。
三國黑

※：天下三名槍除了蜻蛉切之外，還有黑田官兵衛的家臣母里友信跟福島正則拚酒後贏來的「日本號」，以及從結城家傳至川越松平家的「御手杵」。

領先西洋，實現了7次的大航海

鄭和（1371?～1434?）

在歐洲列強展開大航海時代之前，其實就已經有英雄率領大船隊數次出航，從中國沿岸一路去到非洲大陸。這個人物，就是15世紀初期效力明朝永樂帝［85頁］的鄭和。

鄭和在1405年至1430年期間展開了7次的遠航行動。其範圍從東南亞到印度洋、再到阿拉伯海，範圍相當廣大。其目的在於宣揚明朝的國威，並且擴大朝貢貿易［※1］。

開始第一次航海的時候，鄭和的船隊抵達了印度的古里（現今的科澤科德）。這比葡萄牙的瓦斯科・達伽馬的船隊抵達同地點的時間還早了90年以上。另外，在第四次航海以後，船隊的一部分甚至還將航行軌跡延伸到了非洲東岸的摩加迪休和馬林迪。

透過鄭和的航海行動，讓中國對於東南亞地區的理解有了更深一層的認識，也成為了日後華僑進出該地區的契機。

推動中國的海外進出政策，信仰伊斯蘭教的宦官

關於鄭和的前半生資訊其實並不詳盡，只知道他出身中國南方的雲南，在明朝征伐雲南的時候成為俘虜。據說當時還是個孩子的鄭和就這麼成了宦官，侍奉永樂帝。此外，鄭和的家族代代都是伊斯蘭教徒，鄭和自己也信仰了伊斯蘭教。

「華僑」指的是在海外生活的中國人。因為鄭和的航行計畫，使得大家對東南亞的認知有了更加深入的了解，因此進出該區域的華僑人數也跟著迅速地擴張。在東南亞地區有很多祭祀鄭和的寺院，多少也跟這段過程有所關聯。特別是爪哇島的三寶壟有個三保洞，現在仍是許多人造訪的觀光名勝。

鄭和的祖先是在蒙古帝國支配中國的時候，從西域移居到雲南的伊斯蘭教徒。其始祖就是在成吉思汗［16頁］西征的時候降伏，此後為每一代的汗效力的功臣賽典赤・贍思丁。「賽典赤」是伊斯蘭世界的尊稱，表示他們是伊斯蘭教開祖穆罕默德的子孫。

※1：有觀點認為鄭和航行南海的目的還有一個，就是為了尋找在靖難之役的混亂局勢中下落不明的先帝建文帝。

寶船與大船團

根據紀錄，艦隊是由60艘的大型艦構成，但除此之外還有近100艘的小型輔助船隻隨行。所以整體編制是200艘左右的大型船團。

鄭和率領的艦隊裡，作為核心的船就是被稱為「寶船」的巨型船舶。據說其尺寸全長151.8m、寬61.6m。能搭載數百到近千的人員。

在大遠航之後

鄭和的7次遠航花費了龐大的開銷，這在朝廷內也引發諸多批判。因此最後的艦隊派遣紀錄就停在第七次。就連大航海的官方紀錄也在反宦官派和批判海外進出政策的官僚介入下被銷毀了。

來到中國的動物們

抵達非洲大陸的鄭和艦隊也把許多奇特的動物給帶回了中國。第四次航海時帶回的長頸鹿，據說讓永樂帝大吃一驚。另外第五次航海時也帶回獅子、豹、斑馬、駱駝、鴕鳥等中國沒有的珍奇異獸。

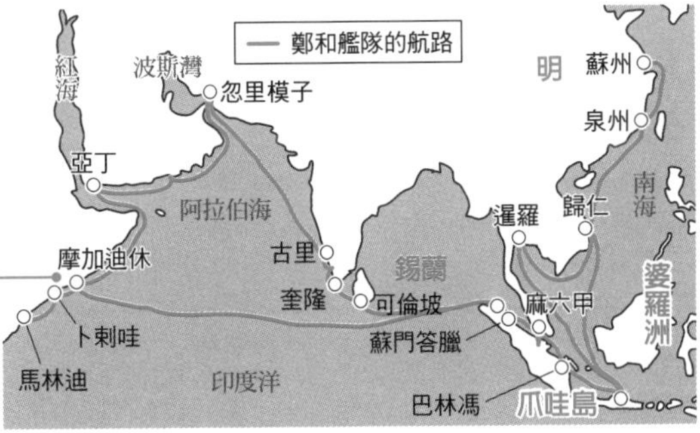
鄭和艦隊的航路
紅海
波斯灣
忽里模子
明
蘇州
泉州
亞丁
阿拉伯海
南海
暹羅
歸仁
古里
錫蘭
摩加迪休
奎隆
可倫坡
麻六甲
婆羅洲
卜剌哇
蘇門答臘
馬林迪
印度洋
巴林馮
爪哇島

繼續深入了解

遠渡大海的英雄

巴爾托洛梅烏・迪亞士（1450左右～1500）

葡萄牙的航海家。他奉國王約翰二世之命於1488年出航［※2］。發現了非洲南端的好望角。

斐迪南・麥哲倫（1480左右～1521）

葡萄牙的航海家。但之後接受西班牙的資助，於1519年展開繞行世界的計畫。他發現了南美南端的海峽（麥哲倫海峽），之後穿越了太平洋。

瓦斯科・達伽馬（1469左右～1524）

葡萄牙的航海家。1497年，他繞過好望角，從非洲大陸東岸的馬林迪穿越印度洋，於隔年抵達古里，發現了印度航路。

詹姆士・庫克（1728～1779）

英國的航海家。曾3度前往太平洋，並通過白令海峽去到紐西蘭進行探險。最後死於夏威夷先住民之手。

※2：巴爾托洛梅烏・迪亞士航海的目的，還有尋找西歐傳說中由基督教的祭司王約翰在東方所建立的傳說王國。

追尋新的世界

探險家

想要到未知的土地一探究竟的想法，或許是出自於人類的本能吧。這類探險家們的足跡，也在人類的歷史上留下了諸多的紀錄。

15世紀的航海家克里斯多福．哥倫布接受了西班牙的資助，展開了開拓往西航行〔※1〕至印度的航海計畫。然後哥倫布抵達了某座島嶼，並堅信該地就是印度。然而，實際上那裡其實是大西洋上的聖薩爾瓦多島。

16世紀末，哥薩克的首領葉爾馬克率領遠征隊，意圖探索酷寒的西伯利亞土地。在這次探險的途中，葉爾馬克襲擊了西伯利亞汗國，還進攻首都西伯利亞城。相傳後來他遭受西伯利亞汗國的反擊，最後被殺害，但真相不明。

除此之外，20世紀的美國女性飛行員愛蜜莉亞．艾爾哈特成為了首位成功單獨飛越大西洋的女性，其名聲傳遍了世界。

歷史評價重新修正

克里斯多福．哥倫布（1451左右～1506）

義大利出身。他從馬可．波羅的《馬可．波羅遊記》等書籍得到了相關知識，從此對存在「Zipangu」（日本）等國家的亞洲世界萌生了興趣。他向女王伊莎貝拉一世提出往西航行的計畫，並接受其資助於1492年展開第一次的航海。接著他經過兩個月的航行後，發現了未知的島嶼。哥倫布相信這座後來名為聖薩爾瓦多島的島嶼就是印度的一部分，但實際上這裡其實只是美洲大陸沿岸的島而已。哥倫布總計進行了4次航海，每次都來到了美洲大陸（新大陸），不過他直到過世都堅信自己抵達的地方就是印度。

作為「發現」新大陸的探險家，哥倫布獲得了高度的歷史評價。不過以哥倫布的「發現」為契機，讓西班牙開始掠奪新大陸先住民的土地，並展開虐殺，還逼迫黑人為奴並強制移居。因此，進入20世紀後半以後，對於哥倫布的批判也不在少數。

有很長一段時間，哥倫布都被視為是首位「發現」美洲大陸的白人。但是根據近年來在加拿大東部、紐芬蘭島的遺跡（蘭塞奧茲牧草地）挖掘調查顯示，早在11世紀的時候，維京人就已經「發現」、並且移居開墾此地了。

其名在出身地義大利的讀法是「Cristoforo Colombo」、西班牙語是「Cristóbal Colón」。「Christopher Columbus」則是英語的讀法。

※1：哥倫布主張往西航行的航路，其根據是佛羅倫斯的地理學家托斯卡內利提倡的「地圖說」。

朝著目標西伯利亞行軍的葉爾馬克（？～1585）

哥薩克的隊長。被俄羅斯皇帝伊凡四世[89頁]授予西伯利亞開拓特權的豪商斯特羅加諾夫家族雇用了葉爾馬克，讓他在1581年組織遠征隊，展開遠征西伯利亞的行動。葉爾馬克率領的遠征隊翻過了烏拉山脈，探索鄂畢河流域等地，與此同時也持續掠奪當地的狩獵民族或遊牧民族。接下來，他還占領了西伯利亞汗國的首都，並將其獻給伊凡四世。然而，後來他遭受西伯利亞汗國殘存勢力的反擊，戰死沙場。以葉爾馬克的遠征為契機，俄羅斯正式開啟了進軍西伯利亞的行動。

他在俄羅斯被視為英雄，以民間傳說的形式被人們傳承。根據民間故事的說法，他在下顎留著一把黑鬍子，身材高大，是個肩膀很寬的高壯男子。

與葉爾馬克交戰的西伯利亞汗國，是奉成吉思汗[16頁]長男朮赤的第五子昔班為始祖的昔班王朝國家。西伯利亞這個地名，就是從汗國之名而來的。

消失在天空中的愛蜜莉亞・艾爾哈特（1897～1937）

美國的女性飛行員。1932年，她繼查爾斯・林白之後，以女性的身分成功獨自飛越大西洋[※2]。只不過，後來愛蜜莉亞・艾爾哈特在1937年進行赤道環球飛行計畫的途中消失在南太平洋上空，從此下落不明。因為後續完全沒有發現她的遺體或駕駛飛機的殘骸，所以這起失蹤事件也成為20世紀最大的懸疑謎團之一。

愛蜜莉亞・艾爾哈特失蹤的時間點，剛好是美國和日本對立深化的期間。因此，也出現了指稱日本軍擊墜了她的飛機，還將之俘虜的陰謀論觀點。另外也有她在日本一直被囚禁到戰爭結束，最後被釋放，祕密返回美國的說法。

愛蜜莉亞・艾爾哈特的愛機是名為「洛克希德維加」的機型。她駕駛這架飛機成功達成了獨自飛越大西洋的挑戰。此外，她最後挑戰的赤道環球飛行計畫則是駕駛同為洛克希德公司出品的「洛克希德L-10伊萊克特拉」這款飛機。

時至今日，美國人依舊親密地稱呼她為「Miss. Lindy」，是國民英雄般的存在。

※2：雖然她是第一個成功「單獨」飛越大西洋的「女性」飛行員，但也表示在此之前就存在非獨自飛行且成功飛越的男性飛行員。由此也衍生出「Amelia Earhart Effect」這個詞彙，意指「只要加上條件的話，無論是誰都能成為第一」。

索引

一～五劃

土方歲三 …… 57
大流士一世 …… 44
大流士三世 …… 14
大衛王 …… 22, 28, 80, 118
大膽查理（查理一世） …… 56
山內一豐 …… 106
中野竹子 …… 64
今川義元 …… 91
切・格瓦拉 …… 94
切薩雷・波吉亞 …… 86
尤拉伊・亞諾希克 …… 103
巴索羅繆・羅伯茨 …… 98
巴御前 …… 40, 75
巴爾托洛梅烏・迪亞士 …… 151
文天祥 …… 66
日本武尊 …… 122
木曾義仲 …… 41, 74, 141
比利小子 …… 103
王翦 …… 62, 106
北條時行 …… 134
北條義時 …… 86
卡爾十二世 …… 58
古斯塔夫二世・阿道夫 …… 56
司馬懿 …… 134
尼布甲尼撒二世 …… 80, 110
尼祿 …… 68
布狄卡 …… 68
布魯特斯 …… 113
平將門 …… 70
弗拉德三世 …… 92
本多忠勝 …… 148
永樂帝 …… 84, 150
瓦斯科・達伽馬 …… 151
白起 …… 62
石川五右衛門 …… 103

六～十劃

伊凡四世（雷帝） …… 88
伊巴密濃達 …… 130
伊底帕斯 …… 60
伊阿宋 …… 120
伊莉莎白（俄羅斯） …… 125
伊莉莎白一世 …… 69, 98, 142
伍子胥 …… 50
光武帝（劉秀） …… 42, 64
列奧尼達一世 …… 54
吉爾・德・雷 …… 92
吉爾伽美什 …… 46
地米斯托克利 …… 133
安妮・邦妮 …… 100
安東尼 …… 35, 112
成吉思汗 …… 16, 92, 150, 153
朱元璋 …… 85, 89
米希爾・德・魯伊特 …… 132
艾尼亞斯 …… 120
艾瑪・漢密爾頓 …… 119
西庇阿・亞非利加努斯 …… 20, 132
西蒙・玻利瓦 …… 94
亨利・摩根 …… 98
克努特大帝 …… 35
克里斯多福・哥倫布 …… 94, 152
克拉蘇 …… 63, 112
克麗奧佩脫拉七世 …… 35, 112
努爾丁 …… 36, 38
努爾哈赤 …… 34
呂布 …… 73, 83, 148
坂上田村麻呂 …… 20
宋江 …… 102
李牧 …… 62
李靖 …… 140
沃邦 …… 128
狄奧多拉 …… 114

威廉・泰爾 138
威廉・華勒斯 70, 81
威廉一世 18
威靈頓公爵 79, 126
後醍醐天皇 67, 84
查士丁尼一世 114
查理七世 48
查理三世 18
查理大帝（查理曼） 22, 24, 57
柳德米拉・帕夫利琴科 146
珀爾修斯 136
秋山好古 140
約翰（失地王） 87, 103
約翰・邱吉爾（馬爾博羅公爵） 118
美尼斯王 34
美狄亞 120
羿 138
苻堅 74
范蠡 106
貞德・達爾克 48, 92
香妃 115
埃米利亞諾・薩帕塔 94
埃提烏斯 50, 81
夏綠蒂・科黛 96
孫權 58, 66, 82, 133
席摩・海赫 146
庫圖佐夫 126
拿破崙・波拿巴 78, 94, 119, 125, 127
柴田勝家 129
格里戈里・奧爾洛夫 109
格里高利・波坦金 109
格蕾絲・奧馬利 68
桂小五郎 134
海克力斯 14, 63, 120, 136
海雷丁・巴巴羅薩 76
留里克 18
貝特朗・杜・蓋克蘭 132
足利尊氏 67, 84, 135
那須與一 138
亞里斯多德 14
亞瑟王 104
亞歷山大大帝 14, 22, 53, 130
周瑜 83, 133
始皇帝 32, 88, 96
岳飛 66
帖木兒 92
彼得大帝 42, 59
忽必烈 17
所羅門王 118
拉克什米・芭伊 64
拉法葉侯爵 95
拉美西斯二世 144
拔示巴 118
明智光秀 90, 129
武田信玄 91, 149
武田勝賴 91
武則天 110
法蘭西斯・德瑞克 98
法蘭茲一世 117
舍哲爾・杜爾 110
芝諾比婭 68
芬恩・麥克庫爾 122
阿弖流為 20
阿加曼農 52
阿佛烈大帝 24
阿育王 144
阿基里斯 40, 52, 121
阿提拉 51, 80
阿爾特米西亞一世 100
阿維爾達 101
哈立德・本・瓦利德 76
哈特謝普蘇特 44

腓力二世（馬其頓） 15, 52, 130
腓特烈二世（大帝） 124
華倫斯坦 52
鄂圖一世 24
項羽 51, 72, 88
黑太子愛德華 130
奧古斯都 34, 112
奧立佛・克倫威爾 88
奧勒良 42
奧德修斯 52, 128
奧諾雷・米拉波 95
廉頗 62
愛蜜莉亞・艾爾哈特 152
愛德華一世 9, 71, 80
新島八重 14
楊大眼 148
楠木正成 66
源為朝 138
源義經 16, 75, 140
源賴光 136
聖良三世 23
聖喬治 136
葉爾馬克 152
蒂朵 121
詹姆士・庫克 151
路易九世 58
路易十四 129
雷比達 35
圖拉真 63, 144
漢尼拔・巴卡 132
漢摩拉比 44
熙德 24
瑪麗・安東妮 117
瑪麗・里德 100
瑪麗亞・特蕾莎 116, 125
瑪麗・斯圖亞特 143
神功皇后 46
秦良玉 40
納迪爾沙 84
荊軻 96
袁紹 83, 148
高杉晉作 116, 135

十一～十五劃

乾隆帝 114
參孫 116
崔斯坦 105, 122
康茂德 62
康熙帝 20
悉多 121
曹丕 82, 134
曹操 58, 66, 82, 133, 134, 148
梁紅玉 26
梅林 104
淵蓋蘇文 30
理查一世 74
莫德雷德 104
陳興道 38
傑羅尼莫 38
凱撒 22, 35, 70, 112
凱薩琳二世 108
喬治・華盛頓 28
彭忒西勒亞 40
揚・傑式卡 130
揚三世・索別斯基 126
斐迪南・麥哲倫 151
斯巴達克斯 62
普蘭・黛維 103
湯瑪斯・愛德華・勞倫斯 96
猶大・馬加比 28
腓力二世（法蘭西） 75, 86

關妮薇 104
龐巴度侯爵夫人 125
龐培 63, 112
蘇萊曼一世 114

二十一劃～

蘭斯洛特 104
讓・德・瓦萊特 30

其他

おうの（OUNO） 117
維欽托利 2, 70, 113
赫克托爾 40
劉邦 50, 72, 88
劉備 58, 66, 82, 148
徵氏姊妹 64
德川家康 35, 91, 106, 149
德里拉 116
摩西 46
諸葛亮 58, 66, 83, 134
鄭夫人 101
鄭和 150
魯傑羅一世 18

十六～二十劃

穆罕默德二世 80, 93
霍去病 26
霍雷肖・納爾遜 118
頻毘娑羅 60
鮑德溫四世 30
賽米拉米斯 110
謝爾蓋・薩爾蒂科夫 109
韓世忠 26
韓信 50, 88
織田信長 90, 129
薩拉丁 31, 36, 38, 75
豐臣秀吉 91, 106, 122, 128
羅伯特一世 28
羅伯斯比 95
羅克塞拉娜 115
羅洛 18
羅賓漢 102
羅摩 120
羅蘭 57
藤堂高虎 76
關羽 66, 83, 149

參考文獻

『世界の歴史1人類の起源と古代オリエント』大貫良夫、渡辺和子、屋形禎亮、前川和也（中央公論新社）
『世界の歴史16ルネサンスと地中海』樺山紘一（中央公論新社）
『物語フランス革命』安達正勝（中央公論新社）
『ヨーロッパ史における戦争』マイケル・ハワード著、奥村房夫・奥村大作訳（中央公論新社）
『兵器と戦術の世界史』金子常規（中央公論新社）
『古代エジプト ファラオ歴代誌』ピーター・クレイトン著、吉村作治監修、藤沢邦子訳（創元社）
『ロシア皇帝歴代誌』デヴィッド・ウォーンズ著、栗生沢猛夫監修、月森左知訳（創元社）
『アレクサンダー大王―未完の世界帝国』ピエール・ブリアン著、福田素子・桜井万里子訳（創元社）
『図説大航海時代』増田義郎（河出書房新社）
『図説海賊』増田義郎（河出書房新社）
『図説フランス革命史』竹中幸史（河出書房新社）
『西洋美術解読事典』ジェイムズ・ホール著、高階秀爾監修（河出書房新社）
『世界の神話と英雄大図鑑』フィリップ・ウィルキンソン著、松村一男監修（河出書房新社）
『図説イングランド海軍の歴史』小林幸雄（原書房）
『図説アーサー王伝説事典』ローナン・コグラン著、山本史郎訳（原書房）
『トラファルガル海戦』ジョン・テレン著、石島晴夫訳（原書房）
『図説 ラルース世界史人物百科』〈1〉〈2〉〈3〉フランソワ・トレモリエール、カトリーヌ・リシ編、樺山紘一監修（原書房）
『戦うハプスブルク家』菊池良生（講談社）
『古代ギリシアの歴史―ポリスの興隆と衰退』伊藤貞夫（講談社）
『アレクサンドロス大王―「世界征服者」の虚像と実像』森谷公俊（講談社）
『中世ヨーロッパの歴史』堀越孝一（講談社）
『肖像画で読み解くイギリス王室の物語』君塚直隆（光文社）
『美女たちの西洋美術史』木村泰司（光文社）
『名画で読み解くハプスブルク家12の物語』中野京子（光文社）
『名画で読み解くブルボン家12の物語』中野京子（光文社）
『図説プロイセンの歴史―伝説からの解放』セバスチァン・ハフナー著、魚住昌良・川口由紀子訳（東洋書林）
『図説西洋騎士道大全』アンドレア・ホプキンズ、松田英・都留久夫・山口惠里子訳（東洋書林）
『キリスト教の本［上］救世主イエスと聖書の謎を解く』（学習研究社）
『歴史群像グラフィック戦史シリーズ　戦略戦術兵器事典3【ヨーロッパ近代編】』（学習研究社）
『英国王室史話』森護（大修館書店）
『スコットランド王国史話』森護（大修館書店）
『英仏百年戦争』佐藤賢一（集英社）
『フランス革命の肖像』佐藤賢一（集英社）
『世界の歴史を変えた名将たちの決定的戦術』松村劭（PHP研究所）
『面白いほどよくわかるローマ帝国』金森誠也（日本文芸社）
『教科書では学べない世界史のディープな人々』鶴岡聡（中経出版）

Profile

監修者

祝田秀全（いわた・しゅうぜん）

東京出身。專攻歷史學，曾任東京外國語大學亞非語言文化研究所共同研究員，現為聖心女子大學文學部歷史社會學科講師。主要著作、監修書籍有《銀の世界史》（筑摩書房）、《東大生が身につけている教養としての世界史》、《建築から世界史を読む方法》（以上為河出書房新社）、《ロシア史 キエフ大公国からウクライナ侵攻まで》、《エリア別だから流れがつながる世界史》（以上為朝日新聞出版）、《近代建築で読み解日本》（祥伝社）等作品。
興趣是古典落語鑑賞、品嘗咖啡。很想將來自牙買加某座山山腰處的咖啡豆親自烘豆後好好沖泡品嘗。

TITLE

英雄解剖圖鑑

STAFF

出版	瑞昇文化事業股份有限公司
監修	祝田秀全
譯者	徐承義
創辦人 / 董事長	駱東墻
CEO / 行銷	陳冠偉
總編輯	郭湘齡
文字編輯	張聿雯　徐承義
美術編輯	謝彥如
國際版權	駱念德　張聿雯
排版	二次方數位設計 翁慧玲
製版	明宏彩色照相製版有限公司
印刷	龍岡數位文化股份有限公司
	紘億彩色印刷有限公司
法律顧問	立勤國際法律事務所　黃沛聲律師
戶名	瑞昇文化事業股份有限公司
劃撥帳號	19598343
地址	新北市中和區景平路464巷2弄1-4號
電話 / 傳真	(02)2945-3191 / (02)2945-3190
網址	www.rising-books.com.tw
Mail	deepblue@rising-books.com.tw
港澳總經銷	泛華發行代理有限公司
初版日期	2024年11月
定價	NT$480 ／ HK$150

ORIGINAL JAPANESE EDITION STAFF

ブックデザイン	米倉英弘（細山田デザイン事務所）
印刷	シナノ書籍印刷
編集	ロム・インターナショナル
本文イラスト	ヤマデラワカナ
本文DTP	スパロウ
編集協力	株式会社バーネット

國家圖書館出版品預行編目資料

英雄解剖圖鑑 / 祝田秀全監修 ; 徐承義譯. -- 初版. -- 新北市 : 瑞昇文化事業股份有限公司, 2024.10
160面 ;　14.8x21公分
譯自 : 英雄の解剖図鑑
ISBN 978-986-401-769-0(平裝)
1.CST: 世界傳記

781　　113011656